Zu diesem Buch Nur rund ein Sechstel Japans kann als Siedlungsland bezeichnet werden, der übrige Teil besteht aus unwegsamer Gebirgslandschaft. Daß Japan heute zu den volkreichsten und auf fast allen Gebieten zu den führenden und schöpferischen Nationen gerechnet werden muß, gehört zu den faszinierendsten Erscheinungen unserer Zeit.

Hier wird die historische Wandlung Japans von einem zunächst feudalistisch, dann weitgehend zentralistisch gelenkten – von der übrigen Welt abgeschnittenen Staat – zu einer modernen Großmacht westlicher Prägung geschildert.

Der Leser erfährt, wie komplex die japanische Glaubenswelt war und ist und wie gerade sie dem Mischcharakter der japanischen Kultur entspricht. Zu dem die Naturkräfte verehrenden Shintoismus stieß der aus dem kontinentalen Asien übernommene und zum Zen-Buddhismus modifizierte Buddhismus. Über konfuzianische und taoistische Vorstellungen aus China konnte schließlich im mittelalterlichen Japan das von portugiesischen Missionaren verbreitete Christentum Fuß fassen.

Die vielen farbigen Bilddokumente dieses Buches spiegeln eindrucksvoll die japanische Kultur. Buddhistische Sakralkunst, Architektur (besonders Gartenarchitektur), Bronze-, Ton- und Holzplastiken, Lackmalereien, Illustrationen aus klassischen japanischen literarischen Werken und nicht zuletzt eine Bildfolge über das Kabuki-Theater sind nur einige der Themen, die hier mit hervorragenden Fotos und Zeichnungen belegt sind.

Dieses Buch trägt dazu bei, das «Phänomen Japan» in seiner scheinbaren Widersprüchlichkeit von feudalistischer Tradition und verblüffender Modernität besser zu verstehen.

Der Autor Jonathan Norton Leonard ist Lektor und Redaktionsmitglied der Time-Life-Bücher. Seit zwanzig Jahren gehört er als Sachbearbeiter zur Redaktion der Zeitschrift TIME.

Der beratende Mitarbeiter Leonard Krieger – ehemals Professor für Geschichte an der Yale-Universität – ist jetzt Professor an der Universität von Chicago.

Umschlagfoto Brian Brake von Rapho Guillumette
Die Nationalreligion der Japaner ist der Shintoismus. Grundlage dieser Religion ist die göttliche Verehrung der Naturkräfte und der Ahnen. Als im 6. Jahrhundert der Buddhismus nach Japan kam, beeinflußte die Naturverbundenheit der Japaner auch diese Glaubensrichtung. Die fünf geschwungenen Dächer der buddhistischen Pagode von Nara (Umschlagbild) symbolisieren die fünf Elemente Erde, Wasser, Feuer, Wind und Himmel.

Japan

Das Reich der aufgehenden Sonne

von
Jonathan Norton Leonard
und der Redaktion der
TIME-LIFE-BÜCHER

Einführung von
Prof. Dr. Oscar Benl,
Universität Hamburg

rororo
Rowohlt

Titel der Originalausgabe: ‹Early Japan›
Aus dem Englischen übertragen
von HELMUT und CHRISTEL WIEMKEN
Für die Taschenbuchausgabe eingerichtet und bearbeitet
von Jürgen Volbeding
Layout Hermann Becker
Umschlagentwurf Werner Rebhuhn

Veröffentlicht im Oktober 1971 mit freundlicher Genehmigung
TIME-LIFE BOOKS, Time Inc., New York

Original English language edition published by Time Inc.
in the United States
Deutsche Taschenbuchausgabe:
Rowohlt Taschenbuch Verlag GmbH, Reinbek bei Hamburg
Satz: Alfred Utesch, Hamburg
Druck: Mühlmeister & Johler, Hamburg
Umschlagdruck und buchbinderische Verarbeitung:
Clausen & Bosse, Leck/Schleswig
Printed in Germany
ISBN 3 499 18026 x

Inhaltsverzeichnis

Einführung

Die künstlerische Kultur wie auch die technischen und wissenschaftlichen Leistungen des fernöstlichen Inselreichs haben in unserem Jahrhundert zunehmend Bewunderung erregt. Das «Phänomen Japan» ist in seiner scheinbaren Widersprüchlichkeit von feudalistischer Tradition und erregender Modernität, von fast fraulicher Empfindsamkeit und unbändiger Lebenskraft, von genialem Einfühlungsvermögen und nicht selten bestürzendem Selbstbewußtsein noch heute für die westliche Welt ein Geheimnis.

Zwei Faktoren haben das Wesen dieses Volkes vor allem geprägt: der Inselcharakter des von häufigen Naturkatastrophen heimgesuchten Landes und die Nähe Chinas, dessen hohe und sehr viel ältere Kultur auf allen Bereichen des geistigen und materiellen Lebens fruchtbar einwirkte. Der Glanz am japanischen Kaiserhof um die Jahrtausendwende verblaßte langsam, und der aufkommende Ritterstand schuf das Ideal einer männlicheren Lebenshaltung, doch die bald das ganze Land verheerenden Schlachten führten den Unbestand des Irdischen so eindringlich vor Augen, daß der bisher meist zeremoniell gewertete Buddhismus zu einer auch das Volk ergreifenden Macht erstarkte. Durch das Zen gewann das Leben schließlich die reine, klare Schönheit eines religiösen Betrachtungen gewidmeten Lebens. Die Leidenschaft für das Schöne verband sich mit dem Drang zum Wesentlichen. Etwa ab 1600 begann eine lange Friedenszeit. Nun erwuchs dem feudalistisch geordneten, mit den strengen Prinzipien konfuzianischer Ethik herrschenden Staat als Gegenpol eine sinnenfrohe Kultur der Stadtbürger, die in dem ihnen aufgedrängten steifen Gewand durchaus auf ihre Art frei zu atmen verstanden.

Als dann die jahrhundertelang währende Periode der Abschließung vom Ausland durch den Druck der Weltmächte zu Ende kam, versuchte man in der Meiji-Epoche (ab 1868) mit ungeheurer Energie, sich die zivilisatorischen Errungenschaften von ganz Europa wie Amerika anzueignen, es bot sich der verblüfften Welt in den vergangenen hundert Jahren das Schauspiel eines nur hin und wieder durch Phasen nationaler Reaktion gestörten, ungemein erfolgreichen Assimilierungsprozesses.

In unseren Tagen glaubt mancher, am Beispiel Japans den Entwicklungsländern ein Modell aufzeigen zu können, aber der Aufschwung Japans war nur dank günstiger geschichtlicher Voraussetzungen möglich. Dieses Inselreich hatte nicht nur durch seinen frühen und langen Umgang mit der zunächst weit überlegenen chinesischen Kultur gelernt, wie und was ohne Verlust an Eigensubstanz übernommen werden kann, sondern sich überdies bereits in den Jahrhunderten der Absperrung Erkenntnisse der europäischen Wissenschaft und Technik angeeignet.

Daß Japan heute auf fast allen Gebieten zu den führenden und schöpferischen Nationen gerechnet werden muß und der Einwand bloßer Nachahmung nur mehr von nichtinformierter Seite erhoben wird, gehört zu den faszinierendsten Erscheinungen unserer Zeit. Manches erklärt sich aus der glücklichen Verbindung von eigener Tradition und moderner Weltkultur. Von entscheidender Bedeutung sind aber wohl die im Verlauf der Geschichte erworbene Tugend der Selbstdisziplin und die mit zäher Entschlossenheit gepaarte hohe Sensibilität dieses Volkes.

Das von J. N. Leonard verfaßte Werk stellt die Geschichte Japans bis an die Wende zur Neuzeit außerordentlich lebendig dar; hier ist nicht zuletzt auch wegen des reichen und schönen Bildmaterials etwas gelungen, was Dank und Bewunderung zugleich verdient.

Prof. Dr. Oscar Benl
Seminar für Sprache und Kultur Japans, Universität Hamburg

Als natürliche Grenze gegen Angriffe von außen ermöglichte es das Meer dem japanischen Volk, in relativer Abgeschlossenheit eine einzigartige, in sich selbst ruhende Kultur zu entwickeln.

1. Land der Widersprüche

Vor der Ostküste Asiens, zu weit entfernt, um selbst am klarsten Tag vom Festland aus sichtbar zu sein, liegt das seltsame und wunderbare Land der Aufgehenden Sonne — Japan. Es besteht aus einer gebogenen Kette vulkanischer Inseln; ihr Gebiet ist größer als das Großbritanniens, kleiner als das Frankreichs. Die vier Hauptinseln Kyushu, Shikoku, Hondo (oder Honshu) und Hokkaido sind gebirgig. Zwischen den Gipfeln und den bewaldeten Klippen erstrecken sich jedoch fruchtbare Ebenen, viele flache Flußtäler und unzählige kleinere Flächen urbaren Landes. Es ist ein schönes Land; sein gemäßigtes Klima und der verläßliche Regen bewirken, daß seine Bewohner gern dort leben.

Doch Japan ist klimatisch auch ein «heftiges» Land. Es liegt genau auf dem Weg der Wirbelstürme, und nahezu jedes Jahr tobt zumindest ein großer Taifun über seine Küsten hinweg, zertrümmert Kaianlagen, entwurzelt Bäume und füllt schmale Flußtäler mit tosenden Fluten. Andere Gewalten brechen aus der Erde hervor: Vulkane speien Feuer und Rauch, Erdbeben erschüttern die Inseln.

Die außergewöhnliche Schönheit Japans und die gewaltigen Katastrophen, die es durchmachen muß, scheinen sich im Charakter der Japaner zu spiegeln — in ihm mischt sich auf widersprüchliche und häufig bestürzende Weise Feinsinnigkeit und kriegerisches Wesen. Seit jeher gehören die Japaner zu den grimmigsten Kriegern der Welt, aber kein anderes Volk hat sich höfischem Verhalten oder der liebevollen Betrachtung von Blumen, Poesie und Kunst aufmerksamer gewidmet als sie.

Die «Halbisolation». Auf eine noch direktere Weise ist Japans nationale Kultur von seiner geographischen Lage geprägt worden. Die Korea-Straße, die seine westlichste Insel, Kyushu, von dem nächst gelegenen Teil des asiatischen Festlandes trennt, ist etwa 150 Kilometer breit, und obwohl in ihr Inseln von beträchtlicher Größe liegen, war es in früheren Zeiten schwierig und nicht ungefährlich, sie zu überqueren. Diese trennende Wasserstraße

Das Verhältnis der Japaner zum Meer findet in einer Zeremonie ihren Ausdruck, die alljährlich am 5. Januar durchgeführt wird. In einer Bucht bei Ise werden ein großer und ein kleiner Fels miteinander «vermählt» — sie werden — wie auf dem Bild links deutlich zu sehen — mit einem Strohseil verbunden. Ist das Seil nach einem Jahr zerrissen, steht der japanischen Inselwelt ein Jahr voller Unwetter und Katastrophen bevor; ist das Seil unversehrt, wird sich das Meer im kommenden Jahr friedlich verhalten.

verlieh Japan eine Halbisolation: sie wies ihm einen Ort innerhalb des chinesischen Kulturgebietes an und trennte es gleichzeitig von ihm. Zeitweise floß ein breiter Strom von Wissen, Literatur, Kunst und Religion von China nach Japan. Dann wieder wurde der Fluß von der einen oder anderen Seite abgeschnitten. Aber ob es nun isoliert war oder nicht, Japan blieb sich immer treu. Alles, was aus China kam — vom alltäglichen Kunstgewerbe bis zur Philosophie —, wurde umgeformt, bis es dem Geschmack und den Bedürfnissen Japans entsprach.

Japans Vergangenheit — von der Vorgeschichte bis in die klassischen Jahrhunderte der japanischen Zivilisation hinein — ist besonders faszinierend, weil sie zahllose Schlaglichter auf das moderne Japan wirft; viele seiner ausgeprägten und widersprüchlichen Charakterzüge lassen sich bis weit in die Vergangenheit zurückverfolgen. So ist zum Beispiel die Position des Kaisers heute noch fast dieselbe wie vor fünfzehn Jahrhunderten: obwohl er als wichtiges Symbol der nationalen Einheit gilt und als oberster Herrscher geehrt wird, verfügt er nur über wenig weltliche Macht. Fast ebenso alt ist die japanische Eigenart, über lange Zeiten hinweg fremde Ideen begeistert aufzunehmen, um sich dann plötzlich gleichgültig oder feindselig gegen sie zu stellen — ein Wechsel der Einstellung gegenüber der Außenwelt, der seit frühester Zeit immer wieder zu beobachten ist. Der Kontrast zwischen Künstlertum und grausamster Kriegsbegeisterung ist ein weiterer Wesenszug der sehr emotionellen Japaner. Manchmal gewann der eine Charakterzug die Oberhand, manchmal der andere, aber beide haben stets existiert. Schon während der blutigen feudalen Frühzeit des Landes, in der die Schwerter der grimmigen Samurai-Krieger Köpfe zu Tausenden rollen ließen, schufen die Japaner herrliche Landschaftsgärten. Noch früher, als mächtige Provinzhäuptlinge die Autorität der Kaiser des 10. Jahrhunderts bedrohten, war die Zusammenstellung von Parfums eine feinsinnige Kunst, und die Fähigkeit eines Höflings, sich poetisch auszudrücken, der Schlüssel seines Erfolges.

Die Vorfahren der Japaner. Um 500 v. Chr., ein Jahrtausend, nachdem das große China eine Blütezeit seiner Kultur erreicht hatte, wurde die Kette der japanischen Inseln vor seiner Küste noch immer von barbarischen Stämmen bewohnt. Archäologische Funde deuten darauf hin, daß einige von ihnen bereits seit Tausenden von Jahren dort gelebt hatten, aber wer sie waren und woher sie kamen, ist weitgehend ein Geheimnis geblieben. Mit den Japanern, die ein vorwiegend mongolisches Volk sind, dürften sie nur geringe rassische Ähnlichkeit gehabt haben. Eine andere Stammesgruppe waren die Ainu, ein Volk der Steinzeit, das vorwiegend von der Jagd und vom Fischfang lebte, Bären anbetete und auffallend behaart war, was die meisten Japaner nicht sind. Einige Anthropologen meinen, daß die Ainu — von denen noch heute einige auf der Nordinsel Hokkaido leben —

einen primitiven Zweig der weißen Rasse darstellen, der sich schon in frühester Zeit vom kaukasischen Stamm abspaltete. Sie dürften von Sibirien aus nach Japan eingedrungen sein und sich dort ziemlich weit verbreitet haben, bis sie von einem weiter fortgeschrittenen, südlicher lebenden Volk nach Norden zurückgedrängt wurden. Dieses Volk war ebenfalls nicht von mongolischem Typ – jedenfalls nicht in dem Sinne, wie die Chinesen es sind – und ist vermutlich von Nordasien her nach Japan gekommen. Seine Sprache ähnelte, wie es scheint, in mancher Hinsicht dem modernen Japanisch, das sich vom Chinesischen grundlegend unterscheidet und mit dem Koreanischen eine entfernte Verwandtschaft aufweist.

Erst im zweiten und ersten vorchristlichen Jahrhundert überquerten große Scharen mongolischer Einwanderer oder Eindringlinge die Korea-Straße; sie brachten entscheidende Kenntnisse mit: wie man Reis auf Rieselfeldern anbaut, grobe Gewebe herstellt, Eisen schmilzt und primitive Waffen und Werkzeuge schmiedet. Sie vermischten sich mit den Ureinwohnern und übernahmen allmählich einen Teil ihres Brauchtums und ihrer Sprache. Wie die meisten Bauern der Frühzeit praktizierte auch dieses Mischvolk eine Art von Naturreligion: man vergöttlichte Phänomene wie die Sonne und den Mond oder einen besonders ehrfurchtgebietenden Berg oder Wasserfall.

Diese Mischkultur, die zu Beginn der christlichen Zeitrechnung in voller Blüte stand, wird nach dem Ort, an dem die Archäologen zuerst ihre Überreste ausgruben, Yayoi genannt. Auch chinesische Reisende liefern nur spärliche Angaben über diese Kultur; einer von ihnen berichtet im Jahre 238 n. Chr., Südwestjapan, das er Wa nannte, sei in viele kleine Staaten aufgeteilt, die häufig von Zauberinnen regiert würden. Zu diesen Hexenköniginnen gehörte eine Dame mit Namen Pimiko, die hinter verschlossenen Türen in einem befestigten Palast lebte, mit tausend Dienerinnen und einem Mann, dessen Amt es war, zwischen ihr und ihren Untertanen Verbindung zu halten. Dieser alte Brauch der Frauenherrschaft hielt sich mit Unterbrechungen in Japan bis weit ins 8. Jahrhundert hinein. In der Tat scheinen Frauen in großen Teilen der japanischen Frühgeschichte beträchtlichen politischen und sozialen Einfluß gehabt zu haben; erst seit dem 15. Jahrhundert mußten sie ihre Macht restlos an die Männer abtreten. In einem anderen chinesischen Bericht heißt es: «Die Leute von Wa leben von rohen Früchten und gehen barfuß. Sie beschmieren ihre Körper mit rosa und roter Farbe.

Sie servieren das Essen auf Tabletts aus Bambus oder Holz und essen mit den Fingern. Wenn sie einen Handel oder eine Reise vorhaben und deshalb uneins sind, verbrennen sie Knochen und prophezeien daraus, ob ihnen die Umstände günstig oder ungünstig sind. Wenn ihre Herren und Fürsten beten, so klatschen sie dabei lediglich in die Hände, anstatt sich zu verneigen oder niederzuknien. Sooft gewöhnliche Leute auf der Straße Höhergestellten begegnen, bleiben sie stehen und treten an den Straßenrand; im

Gespräch mit ihnen hocken oder knien sie nieder, beide Hände auf der Erde, um ihre Achtung zu erweisen. Die Leute von Wa lieben starke Getränke.»

Mongolische Reiter. Um 250 n. Chr. geriet dieses Inselreich sanfter, von Hexenköniginnen regierter Barbaren unter rauhere Einflüsse. Wilde mongolische Reiterhorden drangen über die Korea-Straße ein, eine Invasion, die vermutlich mit jener Explosion asiatischer Völker in Verbindung stand, die ein Jahrhundert später die Hunnen gegen das Römische Reich vorprellen ließ. Nur wenig ist über sie bekannt, außer daß sie in eiserner Rüstung kämpften und vorzügliche eiserne Waffen schmiedeten. Sie dürften von verhältnismäßig geringer Zahl gewesen sein, aber ihre Reitkunst und ihre Waffen, vielleicht auch ihre Organisation und ihr Kampfgeist, führten zu einer Umstrukturierung der japanischen Gesellschaft.

Diese kriegerischen Reiter bildeten bald die Aristokratie Japans, und es dauerte nur ein paar Generationen, bis eine dieser Adelsfamilien, vielleicht im Bunde mit dem einheimischen Priesteradel, die Vorherrschaft über die anderen gewann. Daß diese kaiserliche Familie, deren Ursprünge tief im Schatten der Vorgeschichte liegen, noch heute über das moderne Japan regiert, ist ein Wunder der Kontinuität.

Die japanische Mythologie ist reich an Details über den göttlichen Ursprung der kaiserlichen Familie. Einem Mythos zufolge war das erste irdi-

Diese hohläugigen Figuren mit den Gesichtern eines Mädchens, eines Mannes und eines Affen gehören zu den Tausenden von Tonfiguren, die man rings um die Gräber früher Kaiser aufzustellen pflegte: sie dienten als Grabschmuck und gleichzeitig auch zur Befestigung der lockeren Erde.

sche Mitglied der Familie ein Enkel der Sonnengöttin Amaterasu. Vom Himmel gesandt, um Ordnung zu schaffen, und ausgestattet mit drei kostbaren Symbolen – dem gebogenen Juwel, dem Schwert und dem Siegel, die noch heute als Zeichen des Kaisertums gelten – landete der «erhabene Enkel» im Südosten von Kyushu. Einer seiner Nachkommen war Jimmu Tenno, der legendäre erste Kaiser Japans, der sein Reich vergrößerte, bis es die fruchtbare Yamato-Ebene auf der Insel Hondo einschloß. Dort erbaute er seine Hauptstadt und herrschte «weit über hundert Jahre».

Durch diese bunten mythologischen Phantasien zieht sich ein Faden historischer Wahrheit. Archäologische und historische Studien zeigen, daß die Entstehung eines japanischen Staates von Kyushu ausging und das Yamato-Gebiet vor 400 n. Chr. erreichte. Ungefähr um diese Zeit wurden aus Mythen und Legenden halbwegs plausible Berichte, die bereits die Namen von Kaisern überliefern und die blutigen Machtkämpfe zwischen den bewaffneten Parteien ihrer Höfe schildern.

Selbst dem Kaiser war bereits die paradoxe Rolle zugewiesen, die er in der japanischen Geschichte spielen sollte: als Oberhaupt verehrt, in allen praktischen Dingen jedoch mehr religiöses Symbol als Staatsoberhaupt. Der wirkliche Herrscher war ein Beamter, dessen Position etwa der eines Premierministers entsprach. Um diese Machtposition stritten sich mehrere Familien, die eigene Heere aufstellen konnten. Es gab keine feste Erbfolge;

wenn ein Kaiser starb oder abgesetzt wurde, beschloß häufig der «große Minister», welcher Prinz der kaiserlichen Familie das Erbe antreten sollte. Manchmal ließ er sogar mehrere junge Prinzen ermorden, um zukünftigen Rivalitäten vorzubeugen.

Die erste Sippe, die für längere Zeit den Hof kontrollierte, war die Familie Soga; sie festigte ihre Macht, indem sie ihre Töchter in die kaiserliche Familie einheiraten ließ. Auf diese Weise war nach dem Tode eines Herrschers der Thronfolger stets ein naher Verwandter der Soga. Auch wenn dieser neue Herrscher kein Kind mehr war, zwangen ihn doch die starken Familienbande Japans, den Anordnungen seiner Soga-Ratgeber zu folgen. Je mehr Kaiser sich mit Mädchen der Soga-Familie verbanden, desto stärker wurde diese Bindung. Kaiser konnten entthront oder ermordet werden — die kaiserliche Familie jedoch wurde nie abgesetzt, weil ihre religiöse Bedeutung zu wichtig war. Nur ein Kaiser, «der direkt von der Sonnengöttin abstammte», galt als göttlich und konnte zum Wohle der Menschen mit dem Himmel in Verbindung treten. Dieser rituelle Nutzen sollte die kaiserliche Familie über mehr als 1500 Jahre hinweg schützen und erhalten.

Ungeachtet dieser komplizierten Politik am kaiserlichen Hof war Japan unter den Soga immer noch ein barbarisches Land. Seine innere Organisation hatte sich kaum über einen lockeren Verband von Familien, die sich einem ihrer Mitglieder unterordneten, hinausentwickelt; seine Technologie blieb weit hinter der Chinas und sogar Koreas zurück. Es gab keine geschriebene Sprache, und unter den wenigen Gelehrten des Landes konnten nur wenige Chinesisch lesen oder schreiben.

Der Einfluß Chinas. Nachrichtenwege waren so schlecht, daß die Zentralregierung kaum Einfluß auf die unruhigen Sippen ausübte, die außerhalb des Yamato-Gebietes lebten. Ein Großteil des Landes war Grenzgebiet, heimgesucht von Gesetzesbrechern, Piraten oder nicht unterworfenen Ainu. Aber eine große Veränderung stand bevor. Ganz plötzlich wurde sich Japan der Reize und Vorteile der chinesischen Kultur bewußt.

Als Beginn dieser Periode offenbaren chinesischen Einflusses wird häufig das Jahr 552 genannt, ein Jahr, in dem sich China aus Jahrhunderten zerstörerischer und politischer Wirren erhob und einer der glanzvollsten Epochen seiner langen Geschichte entgegenschritt. Es begann, zu einer großen Nation zu verschmelzen, nach japanischen Begriffen vorbildlich geordnet, übersprudelnd von einem neuen religiösen, künstlerischen und literarischen Elan. Je mehr die Japaner über dieses dynamische Reich auf dem Festland erfuhren, desto begieriger waren sie, mit der chinesischen Kultur Schritt zu halten.

Das Jahr 552 gilt deshalb als bedeutsames Datum, weil in diesem Jahr der Herrscher des koreanischen Königreichs Paikche, das kulturell sehr eng mit China verbunden war, Japan um Waffenhilfe gegen seine Feinde bat.

Seine Gesandten überbrachten eine Buddha-Statue an den Hof von Yamato, dazu einige buddhistische Schriften und einen Brief, in dem er den Buddhismus bis in den Himmel lobte; der Buddhismus, bereits ein Jahrtausend alt, war aus seinem fernen Ursprungsland Indien bis nach Korea vorgedrungen und in China bereits fest verankert. Japan dürfte mit ihm schon früher in Berührung gekommen sein; der Brief des Königs von Paikche jedoch scheint neuerliches Interesse an dieser Religion ausgelöst zu haben, und die mächtige Familie Soga ergriff für sie Partei.

Iname, der höchste Soga-Minister jener Zeit, sah offenbar im Buddhismus nicht nur einen bequemen Vermittler chinesischer Kultur- und Ideengutes, sondern auch ein politisches Werkzeug: er hoffte, indem er seine Verbreitung förderte, die Macht der eingeborenen Priester-Politik zu brechen. Auch die chinesische Staatstheorie, die eine zentrale Bürokratie in den Händen mächtiger Minister befürwortete, stimmte mit seinen Plänen überein. Die Soga-Politiker beherrschten bereits den kaiserlichen Hof in Japan. Wenn sich das chinesische System einführen ließ, so würde es ihnen auch die Macht über entferntere Provinzen verschaffen.

Inames politisch-religiöse Strategie stürzte Japan in einen fünfzig Jahre währenden Kampf zwischen den Anhängern des Buddhismus, der besonderen Nachdruck auf ethische und spirituelle Tugenden legte, und den Sippen, die die heimische Religion, heute unter dem Namen Shintoismus bekannt, zu bewahren suchten. Inames Sohn und Nachfolger Umako setzte die auf den Buddhismus und das kulturelle Ideengut Chinas ausgerichtete Politik seines Vaters fort; er holte chinesische Gelehrte ins Land, schickte Botschafter und Studenten nach China und förderte die Gründung buddhistischer Klöster. In seinen Bemühungen unterstützte ihn der Mann, den er im Jahre 593 als rechtmäßigen Erben einsetzte, Kronprinz Shotoku.

Prinz Shotoku ist als idealisierter Herrscher und Weiser nach chinesischer Art in die Geschichte eingegangen, aber er war vermutlich mehr ein Symbol chinesischer Kultur als ein aktiver Erneuerer der japanischen Politik; nur wenige greifbare Reformen gehen auf ihn zurück. Das bekannteste ihm zugeschriebene Werk ist ein Dokument, das gelegentlich als erste Verfassung Japans gefeiert wird. Es besteht vorwiegend aus chinesisch inspirierten Moralpredigten über das Verhalten der Beamten; immerhin geht aus ihm hervor, daß chinesische Einflüsse ganz Japan überfluteten. Chinesische Bräuche und Etikette wurden Mode, und japanische Gelehrte lernten die schwierige Zeichenschrift der Chinesen.

Der Tod von Prinz Shotoku im Jahre 622 löste eine Periode blutiger

Zu der Abbildung auf den beiden folgenden Seiten:
Schwertstichblätter oder «tsube» sind ein charakteristisches Beispiel japanischer Ästhetik: das Nützliche – der Schutz für die Hand des Fechters – wird künstlerisch gestaltet. Die Schwertklinge wurde durch die Öffnung in der Mitte des Krabbenmusters geführt.

Bürgerkriege aus, in denen die Familie Soga durch eine Liga neidischer Rivalen aus ihrer Machtposition vertrieben wurde; viele ihrer Angehörigen wurden ermordet. Im Jahre 645 bestieg Kaiser Kotoku unter der Vormundschaft einer anderen Familie den Thron; sie trug den Namen Fujiwara und sollte die Vorherrschaft für die nächsten 500 Jahre behalten. An der Politik der Soga, alles Chinesische willkommen zu heißen, änderte sich jedoch nichts; im Gegenteil, der Reiz der chinesischen Kultur wirkte immer stärker.

Das große Reich auf dem Festland, nun von der T'ang-Dynastie beherrscht, war zur mächtigsten, fortgeschrittensten und zivilisiertesten Nation der Welt geworden. Vom 7. bis zum Beginn des 10. Jahrhunderts, der Zeit des europäischen Frühmittelalters, marschierten seine Heere bis zum Kaspischen Meer; seine Händler und Diplomaten kamen bis nach Indien und Persien, sogar nach Byzanz. Ch'ang-an, seine Hauptstadt, war mit über einer Million Einwohnern die größte Stadt der Welt, eine Quelle der Kultur, aus der chinesische Einflüsse in immer stärkerem Maße nach Japan einströmten.

Zu den bedeutendsten dieser Einflüsse gehörte die chinesische Religion. Nach anfänglichem Widerstand der Shinto-Anhänger wurden chinesische religiöse Ideen, besonders die chinesische Version des Buddhismus, überaus populär – vor allem in den oberen Gesellschaftsschichten. Seit seiner Begründung durch den indischen Prinzen Gautama im sechsten vorchristlichen Jahrhundert hatte sich der Buddhismus stark verändert. Auf den Glauben der Hindu an einen niemals endenden Zyklus der Wiedergeburt gegründet, besagte die ursprüngliche Lehre des Buddhismus, daß zum Leben Leiden gehöre und auch der Tod keine Erlösung bringe, weil nach ihm ein neues Leben beginne. Der einzige Ausweg aus dieser ewigen Wiederkehr des Leidens sei die «Erleuchtung», die plötzliche Erkenntnis der illusionären Natur allen Seins, erreichbar nur, nachdem man durch fleißiges Studium, durch Disziplin und Meditation allem irdischen Verlangen entsagt habe.

Diese mystische Lehre hätte die Japaner des 7. Jahrhunderts, die mit der unkomplizierten, an der Natur orientierten Shinto-Religion aufgewachsen waren, vermutlich unberührt gelassen. Aber wie später das Christentum, hatte sich der Buddhismus längst in zahlreiche Sekten aufgespalten, deren Doktrinen mit der ursprünglichen Lehre des Prinzen Gautama nur noch geringe Ähnlichkeit aufwiesen. Einige dieser in China entwickelten Sekten legten besonderen Nachdruck auf ethische und moralische Probleme. Andere

Von Anfang an war die Religion in Japan eng mit der Natur verbunden. Bäume, Felsen und Flüsse wurden als Götter verehrt. Als im 6. Jahrhundert der Buddhismus nach Japan kam, wurde auch er von diesem Verhältnis zur Natur beeinflußt. Die buddhistische Pagode rechts zum Beispiel wurde harmonisch in das Landschaftsbild eingefügt, die fünf geschwungenen Dächer symbolisieren die fünf Elemente des Alls: Erde, Wasser, Feuer, Wind und Himmel.

bezogen den Glauben an Götter und den Himmel mit in die Lehre ein, und wieder andere praktizierten magische Rituale oder Meditation. Aus diesen zahlreichen Spielarten des Buddhismus wählten und «importierten» die Japaner nur jene Werte, die ihrer Wesensart am ehesten entsprachen.

Offensichtlich ging es den Japanern in den Jahrhunderten, in denen sich der Buddhismus bei ihnen einbürgerte, vor allem um eine wirksamere und eindrucksvollere Methode, mit den göttlichen Mächten in Verbindung zu treten, um sich gute Ernten zu sichern und Seuchen und anderes Unheil abzuwehren. Zahlreiche buddhistische Sekten waren bereit, diesen Wunsch zu erfüllen und darüber hinaus noch philosophischen Bedürfnissen zu genügen. Ihre Priester kamen aus Korea und China; sie brachten farbenfrohe und eindrucksvolle Rituale mit nach Japan, prächtige Gewänder, Gesänge, Anrufungen, Gongs, Trommeln und Weihrauch. Sie brachten Sutras (heilige Schriften) in chinesischer Sprache und herrliche Statuen des erhabenen Buddha mit, Architekten, die Tempel errichteten, dazu Bildhauer, Künstler und Handwerker, die sie ausschmückten.

Schon in der frühen Periode, als Gewalttätigkeiten noch an der Tagesordnung waren, zeigte sich die Freude der Japaner an künstlerischem Ausdruck. Viele Japaner, denen die buddhistische Philosophie so gut wie gleichgültig war, waren von den Kunstschätzen, die durch die Buddhisten ins Land kamen, begeistert. Reiche Familien wetteiferten miteinander beim Bau und beim Ausschmücken von Tempeln. Schon um 640 gab es mehrere Dutzend buddhistischer Tempel in Japan; manche von ihnen sind noch erhalten, besonders die herrlich proportionierte Goldene Halle des Horyuji-Klosters in der Yamato-Ebene – vermutlich das älteste Holzgebäude der Welt.

Zusammen mit dem Buddhismus kam – in geringerem Ausmaß – auch der Konfuzianismus ins Land; er ist eine Formalisierung ethischer Verhaltensregeln, die, wie es hieß, aus grauer Vorzeit überliefert wurden. Zu seinen Grundideen gehört die Achtung vor Höhergestellten und besonders vor den Vorfahren. Ihr Ursprung liegt in dem sehr alten chinesischen Brauch der Ahnenverehrung; sie legt besonderen Nachdruck auf die Ehrfurcht und Hingabe, die Kinder ihren Eltern schulden. Auch die Japaner hatten seit frühester Zeit ihren Ahnen große Bedeutung beigemessen; noch in jüngster Zeit galt ein alter und aristokratischer Stammbaum als wichtigste Qualifikation für ein hohes öffentliches Amt. Über Jahrhunderte hinweg blieben die gleichen Familiennamen im Vordergrund, und wenn neue Familien nachdrängten, beanspruchten sie die Verwandtschaft oder Abstammung von den Trägern berühmter alter Namen. Auf diese Art akzeptierten die Japaner die Behandlung des Ahnenthemas, die ihnen Konfuzius und seine Nachfolger anboten.

Die Karikatur eines langnasigen Mannes wurde 1945 als Deckenzeichnung in der Goldenen Halle von Horyuji gefunden: sie stammt aus dem 7. Jahrhundert und erinnert an eine Tanzmaske.

Shintoismus — Buddhismus. Der Shintoismus, die einheimische Religion Japans, trat für eine Weile in den Hintergrund. Bei Hofe geriet er weitgehend aus der Mode; selbst einige Kaiser wurden fromme Buddhisten. Doch die gewöhnlichen Leute, vor allem in den Provinzen, verehrten auch weiterhin ihre vertrauten Naturgötter, und bald brachten erfindungsreiche Theologen Shintoismus und Buddhismus miteinander in Einklang. Und gerade dies war für Japan von entscheidender Bedeutung: denn die Heiligkeit der kaiserlichen Familie, das Symbol der nationalen Einheit, beruhte im Glauben an ihre Abstammung von der Sonnengöttin des Shintoismus. Ganz allmählich verschmolzen die beiden voneinander sehr verschiedenen Religionen. Rituelle Verlautbarungen des Kaisers enthielten sowohl Elemente der Shinto-Religion und des Buddhismus wie auch einige Züge des Konfuzianismus.

In der Geschichte Japans gibt es nur wenige Beispiele religiöser Konflikte, abgesehen von Fällen, in denen religiöse Organisationen nach Reichtum oder politischer Macht verlangten. Im allgemeinen gelang es den verschiedenen Glaubensrichtungen, ihre Meinungsverschiedenheiten ohne viel Mühe beizulegen; das geschah allerdings manchmal auf pittoreske Weise. Einen entscheidenden Schritt zur Versöhnung des Buddhismus mit dem Shintoismus unternahm um das Jahr 740 der buddhistische Mönch Gyogi, ein tatkräftiger und einflußreicher Kleriker, ebenso am Bau von Entwässerungssystemen, Brücken und öffentlichen Gebäuden interessiert wie an Fragen der Religion. Um herauszufinden, ob es sich für den Kaiser schicke, eine große Buddha-Statue errichten zu lassen, reiste er nach Ise zum größten Schrein der obersten Shinto-Gottheit, der Sonnengöttin, um die Göttin selbst nach ihrer Meinung zu fragen. Sieben Tage und sieben Nächte betete er an der Tür des Heiligtums. Endlich antwortete die Göttin ihm in chinesischen Versen. Die beiden Religionen, so sagte sie dem Sinne nach, seien lediglich verschiedene Formen des gleichen Glaubens, und folglich spreche nichts dagegen, daß ihr Nachkomme, der Kaiser, seinen Plan ausführe und eine Buddha-Statue errichten lasse.

Obwohl die Japaner die religiösen, literarischen und künstlerischen Ideen Chinas begeistert übernahmen, waren sie nicht bereit, die Bemühungen kaiserlicher Politiker, die ihrer lockeren und anarchischen Gesellschaft das starre chinesische System einer Zentralregierung aufzwingen wollten, zu akzeptieren. Der erste Schritt hierzu wurde im Jahre 645 unternommen, als der Kaiser Kotoku, unterstützt von dem mächtigen Fujiwara-Clan, die führenden Adligen an den Hof beorderte, um ihnen eine bedeutsame Erklärung vorzutragen. Es muß ein dramatisches und problematisches Ereignis gewesen sein, dem die Adligen mit gemischten Gefühlen entgegensahen. Die Proklamation stellte nichts anderes dar als die Verkündigung einer absoluten Monarchie des Kaisers auf der Basis detaillierter Gesetze, die unter der Bezeichnung Taika-Reform bekannt wurden und weitgehend das im China der T'ang-Zeit bestehende Recht kopierten. Alles urbare Land, die Grundlage des Reichtums in Japan, wurde zum Besitz des Thrones erklärt und sollte den Bauern, die es bestellten, in kleinen Parzellen zugeteilt werden. Die Bauern ihrerseits sollten einen Teil ihrer Ernte als Steuer an den Staat abführen; überdies konnten sie zu öffentlichen Arbeiten herangezogen werden. Vom Kaiser und seinen Ministern ernannte Beamte sollten das System überwachen.

Wäre diese frühe Version des von China inspirierten Staats-Sozialismus mit einem Schlage in Japan durchgeführt worden, dann wäre es vermutlich zu einem ernsten Aufstand der mächtigen Provinzbarone gekommen, die Land und Bauern fest in der Hand hatten. Die Tatsache, daß ein solcher

Das in einem kleinen Ahornwald gelegene buddhistische Grab wird von Steinlaternen flankiert und zeigt wieder die typische Naturverbundenheit japanischen Glaubens.

Aufstand nicht stattfand, zeigt, daß die Taika-Reform nicht mit einem drastischen Schritt durchgeführt wurde. Die neuen Gesetze wurden offensichtlich nur da durchgesetzt, wo der Hof und seine Anhänger die Macht dazu besaßen. Einige Gebiete kamen tatsächlich unter die Kontrolle des Hofes, während andere, zumal in größerer Entfernung vom Sitz der Zentralregierung, unbehelligt blieben. Nur wenige der aristokratischen Landbesitzer verloren durch die Taika-Reform Macht oder Reichtum. Manche von ihnen gewannen sogar eine Menge dazu, indem sie in der neuen Regierung Ränge und Ämter erhielten, die ihrem früheren Besitz entsprachen; diese Adligen wurden zu begeisterten Anhängern des Systems.

Chinesisches Rangsystem, chinesische Bürokratie. Neben der Einführung einer Landpacht schuf die Reform eine vielschichtige Hierarchie höfischer Ränge nach chinesischem Vorbild. Die Inhaber eines Ranges durften bei Hofe eine besondere Kleidung tragen; den Rängen oberhalb des fünften war es gestattet, den Audienzsaal des Kaisers zu betreten. Diese Privilegien galten schon um ihrer selbst willen als überaus wichtig; darüber hinaus hatte das Rangsystem auch seine soliden wirtschaftlichen Aspekte. Angehörige der ersten fünf Ränge bezogen ihr Einkommen aus genau festgelegten Flächen staatlicher Reisanbaugebiete. Überdies wurden ihnen Hunderte oder sogar Tausende von «Unterhalts-Haushalten» zugeteilt; das bedeutete, daß sie die Steuern erhielten, die diese bäuerlichen Haushalte sonst an den Staat gezahlt hätten. Kam zum Rang eine Ernennung zum Regierungsbeamten hinzu, so konnte sich der Ernannte eines noch höheren Einkommens erfreuen.

Die Vergabe der Ränge beschränkte sich fast ausschließlich auf die höheren Schichten der Aristokratie: jüngere Mitglieder der kaiserlichen Familie, die Oberhäupter der alten und ruhmreichen Sippen und bestimmte Adelshäuser chinesischen und koreanischen Ursprungs. Einigen Provinzmagnaten gelang es, in die unteren Ränge vorzudringen; die meisten von ihnen blieben jedoch von den einflußreicheren Kreisen des Hofes ausgeschlossen. Allerdings achteten die Minister des Kaisers darauf, daß sie Ämter in der Provinz mit all ihren Vorteilen an die Oberhäupter jener Sippen vergaben, die als potentielle Unruhestifter galten. Diese Ämter wurden mit der Zeit erblich.

Von seiner lückenhaften Durchführung abgesehen, unterschied sich das Regierungssystem der Taika-Reform noch in einer anderen, wichtigen Hinsicht von seinem chinesischen Vorbild. In China wurden im allgemeinen nur solche Männer zu Beamten ernannt, die strenge schriftliche Examen bestanden hatten. Die Themen, über die sie examiniert wurden, hatten nur wenig mit den Ämtern zu tun, um die sie sich bewarben; das Resultat der Prüfungen jedoch war eine Auswahl intelligenter und gebildeter Männer. Die chinesische Bürokratie, deren Mitglieder aus jeder Schicht der Bevölkerung aufsteigen konnten, war bemerkenswert mächtig und tatkräftig; die Aussichten, die sie ehrgeizigen jungen Männern bot, förderten Bildung und Gelehrsamkeit in ganz China.

Auf gelehrte Japaner machte die bürokratische Organisation der Chinesen fraglos großen Eindruck; doch der Versuch, sie in Japan einzuführen, war von vornherein zum Scheitern verurteilt. Japanischem Brauchtum zufolge war eine lange und ruhmreiche Ahnenreihe die wichtigste Voraussetzung für ein hohes weltliches Amt – eine Tradition, an die sich auch die japanischen Behörden bei der Durchführung der Taika-Reform zu halten hatten. Anstatt die Kandidaten auf ihre intellektuellen Fähigkeiten zu prüfen, untersuchten sie ihren Stammbaum; die Bürokratie, die auf diese Weise entstand, war alles andere als leistungsfähig.

Doch trotz der zahlreichen Kompromisse, die sie in Kauf nehmen mußte, stärkte die Taika-Reform die Macht der Zentralregierung. Sie beschränkte die widerspenstige Unabhängigkeit des Provinzadels, ließ das Einkommen der Regierung beträchtlich ansteigen und führte zu besseren Verbindungen mit entfernter liegenden Teilen des Landes. Sie schuf die wichtige Klasse der kleinen Landbesitzer und förderte die Urbarmachung vieler zusätzlicher Reisanbaugebiete. Unter dem Einfluß chinesischer Kultur und Technologie brachte sie Japan auf den Weg zu einer organisierten und halbwegs geeinten Nation.

Für ein Land, in dem zunehmend stabile Verhältnisse herrschten, fehlte jedoch noch etwas Wesentliches: eine feste Hauptstadt, in der die Regierung ihren Sitz hatte. Zu Beginn des 8. Jahrhunderts gab es in Japan noch keine Städte, sondern nur Dörfer mit strohgedeckten Hütten. Die kaiserliche Hauptstadt war kaum mehr als ein etwas größeres Dorf, und sie wechselte jedesmal, wenn ein Kaiser starb: eine Maßnahme, die erforderlich war, weil sein Tod – nach dem shintoistischen Glauben jener Zeit – die rituelle Reinheit seines Sterbeortes aufhob. Doch inzwischen war die Verwaltungsmaschinerie der Regierung gewachsen; die Taika-Reform ließ eine vielköpfige Bürokratie entstehen, deren Angehörige samt Gefolgsleuten und Dienerschaft nur schwer beweglich waren.

So wurde im Jahre 710 der Ort für eine ständige Hauptstadt ausgewählt – mitten in der Yamato-Ebene, die damals wie heute ein grünes Meer aus Reisfeldern war. Man traf die Wahl nach den Regeln der chinesischen Geomantie (Deutung der Zukunft mit Hilfe der Punktierkunst), um festzustellen, ob der Ort Glück verhieß, und es war möglicherweise kein Zufall, daß die gewählte Stelle in der Nähe mehrerer mächtiger buddhistischer Klöster lag.

Das Modell für Japans neue Hauptstadt und erste wirkliche Stadt, Nara, war die T'ang-Hauptstadt Ch'ang-an. Die Erbauer von Nara kopierten ihren rechtwinkligen Grundriß und legten ein Gitter breiter Straßen an, das ein Gebiet von 6 mal 7,5 Kilometer bedeckte; der kaiserliche Palast lag nördlich ihres Zentrums. An den Straßen reihten sich die Häuser adliger Familien, und buddhistische Tempel und Klöster drängten sich um den Palast.

Nara entwickelte sich zu einem eindrucksvollen Kulturzentrum und blieb es lange Zeit; zugleich war die Stadt das Hauptquartier des japanischen Buddhismus. Ein Großteil des japanischen Nationalvermögens floß in Form frommer Gaben in die Tempel und Klöster der Stadt. Die Sakralbauten mit ihren nach oben geschwungenen, ziegelgedeckten Dächern im chinesischen Stil bargen unermeßliche Schätze an Gemälden und Skulpturen. Ihre Büchersammlungen wurden zu beachtlichen Bibliotheken, die nicht nur religiöse Werke aus China enthielten, sondern auch viele Beispiele weltlicher Literatur und Wissenschaft. Da zu jener Zeit jeder gebildete und wohlhabende Japaner leidenschaftlich an chinesischer Kultur interessiert war, wurde Nara rasch zum modischen Zentrum, attraktiv für eine Vielzahl von Leuten, die ihr Vergnügen suchten, aber auch für zahlreiche Männer, die Ernsteres im Sinne hatten.

Obwohl Japan mit Nara eine glanzvolle Hauptstadt besaß, fehlte es der Regierung, die dort ihren Sitz hatte, häufig an Einfluß und Macht. Ihre Heere waren so schwach, daß sie oft von den Ainu im Norden geschlagen wurden. Der unruhige Adel und die ehrgeizige buddhistische Priesterschaft versuchten unablässig, ihre Günstlinge in Machtpositionen einzuschleusen. Dieser Machtkampf erreichte seinen Höhepunkt, als der Einfluß der zahlreichen Priester und Mönche Naras so groß geworden war, daß ein Angehöriger der Priesterschaft es wagen konnte, den kaiserlichen Thron für sich zu beanspruchen. Als die Kaiserin Koken zugunsten eines jungen Prinzen abgedankt hatte, gelang es einem skrupellosen Mönch namens Dokyo, auf die Kaiserin einen unheilvollen Einfluß auszuüben. Sie schickte den jungen Kaiser ins Exil, bestieg abermals den Thron und ernannte Dokyo zum vertrautesten Berater.

Doch das genügte Dokyo noch nicht. Er behauptete, der shintoistische Kriegsgott Hachiman habe erklärt, in Japan würde immer Frieden herrschen, wenn er Kaiser sei. Das war selbst für die Kaiserin zuviel. Sie schickte einen zuverlässigen Gesandten zum Schrein Hachimans, damit er den Gott fragte, ob das stimme. Hachimans Antwort lautete, Dokyo könne nicht Kaiser werden, da er nicht der kaiserlichen Familie entstamme. Der ränkevolle Mönch fiel bald in Ungnade und wurde nach dem Tode der Kaiserin im Jahre 770 vom Hof verbannt.

Diese Episode markiert jedoch keineswegs das Ende des buddhistischen Einflusses. Tempel und Klöster in Nara wuchsen weiter, und ihre Macht führte dazu, daß die weltliche Regierung in Nara immer mehr eingeengt wurde. Im Jahre 784 entschied der Kaiser Kammu, man brauche eine «priesterfreie» Stadt. Von der Fujiwara-Familie unterstützt, gab er Befehl, die Hauptstadt zu verlegen — zuerst in das nahe gelegene Nagaoka, das, weil

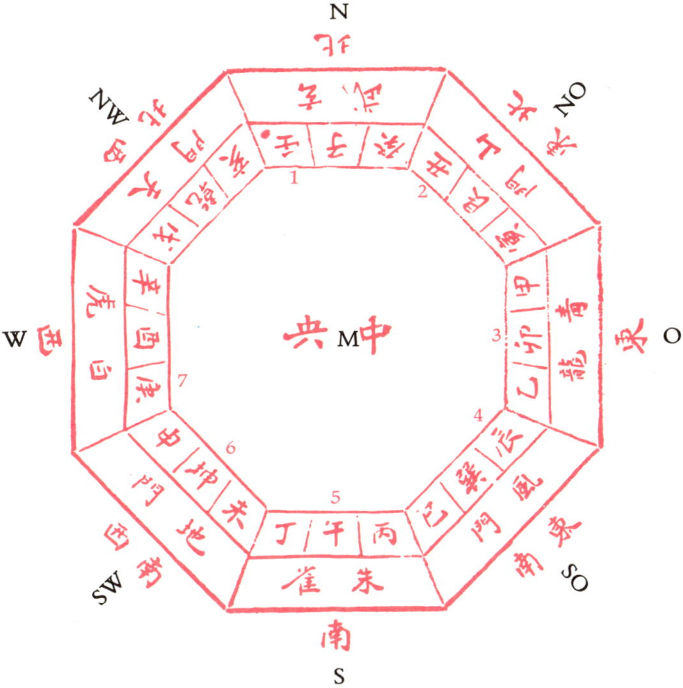

Geomantie, eine in China entstandene Pseudowissenschaft, faszinierte den Aberglauben der Bewohner Japans im Mittelalter. So zog zum Beispiel ein kluger Bauherr noch vor Baubeginn den «Kompaß» eines Geomanten zu Rate; ein solcher Kompaß ist hier abgebildet, und einige der Prophezeiungen, die man von ihm ablas, sind im folgenden entschlüsselt wiedergegeben: 1. Gut für den Bau eines Warenlagers; 2. Hier zieht ein Ausbau des Hauses Zerstörung nach sich; 3. Hier bewirkt ein Lagerschuppen eine zweite Heirat und Krankheit; 4. Ein Tor an dieser Stelle verheißt Freude; 5. Offener Ausblick in dieser Richtung verheißt Frieden; 6. Hier führt ein Teich Todesfälle durch Ertrinken herbei; 7. Ein Ofen an der Ostseite kann Brand bedeuten.

die Vorzeichen ungünstig waren, bald wieder aufgegeben wurde, und dann an die Stelle des heutigen Kyoto. Diese Stadt lag zwar nur etwa 40 Kilometer von Nara entfernt, aber die Reise war schwierig genug, um den Einfluß der Buddhisten in Nara zu verringern.

Die Sonnengöttin und andere Shinto-Götter und -Geister waren von dem Umzug unterrichtet worden und hielten ihn, wenn auch im Gegensatz zu den Buddhisten, für geboten. Die neue Hauptstadt wurde hoffnungsvoll Heian-kyo genannt – «die Hauptstadt des Friedens und der Stille».

2. Die elegante Gesellschaft

Als der Kaiser Kammu Heian-kyo zu seiner Hauptstadt machte, kann er nicht geahnt haben, zu welchem Ruhm und Glanz die neue Stadt aufsteigen würde. Schon bald nach ihrer Gründung im Jahre 794 wurde sie zum Mittelpunkt einer einzigartigen Kultur, die jeden in ihren Bann schlägt, der sich für die Geschichte Japans interessiert. Die Stadt wurde später Kyoto («die Hauptstadt») genannt und blieb unter diesem Namen länger als ein Jahrtausend die kaiserliche Hauptstadt Japans.

Doch schon Anfang des 9. Jahrhunderts zog Heian-kyo eine prachtliebende Gesellschaft an, die über drei Jahrhunderte hinweg ein einziges Fest zu feiern schien, verschönert durch Kunst, Literatur und Musik, gewürzt mit äußerst galanten und prickelnden Liebesgeschichten.

Der für die Hauptstadt ausgewählte Ort war für die Entwicklung einer solchen Gesellschaft nahezu ideal. Das leicht abfallende Gelände war nach Süden hin offen, an den anderen Seiten dagegen von bewaldeten Hügeln und Bergen eingeschlossen. Die gefährliche Nordost-Richtung, aus der gewöhnlich Dämonen einbrachen, wurde vom Berge Hiei und seinem schützenden buddhistischen Kloster abgeschirmt. Viele reißende Bäche brachten frisches Bergwasser, und ein schiffbarer Fluß, der Yodo, ermöglichte den bequemen Transport von Gütern bis zu der geschützten Meerenge, die Hondo von der Insel Shikoku trennt.

Wie in der früheren Hauptstadt Nara hatte man auch in Heian-kyo den Grundriß der großen chinesischen Metropole Ch'ang-an kopiert — aber mit einer bedeutenden Abweichung: ein Edikt begrenzte die Gebiete, in denen buddhistische Tempel errichtet werden durften; es war nicht gestattet, daß sie sich um den kaiserlichen Palast drängten, wo ihre Priesterschaft einen allzu unmittelbaren Einfluß auf die Angelegenheiten des Hofes hätte ausüben können. Das Zentrum der Buddhisten blieb Nara, in sicherer Entfernung. Zu seinen Lebzeiten führte Kaiser Kammu selbst in seiner neuen Hauptstadt das Regiment, ohne Einmischung der Priester oder des weltlichen Adels. Erst als er 806 starb, änderte sich das Bild. Mönche kamen scharenweise in die Hauptstadt, und überall schossen Tempel aus dem

Diese dekorative Seite stammt aus einer Gedichtsammlung des frühen 12. Jahrhunderts: die ornamentale Schrift ist mit Pinsel und Tusche in feinen Zügen auf das blütenbedruckte Papier gesetzt. Schönschrift (Kalligraphie) war in der Heian-Zeit fast ein Kult; von der Geschicklichkeit im Umgang mit dem Schreibpinsel wurden Rückschlüsse auf den Charakter und die Herkunft eines Mannes gezogen.

さいつゝありとかはれし
なみちのまゝにこそ
をかしきものを
はるゝみへきよりも
こかなゆめひとつかる

Boden. Von noch größerer Bedeutung war, daß die späteren Kaiser mehr und mehr unter den politischen Einfluß der mächtigen Familie Fujiwara gerieten, deren Aufstieg zur Macht um die Mitte des vorhergehenden Jahrhunderts begonnen hatte. Unter dem Titel Kanzler oder Regent, manchmal auch ohne jeden Titel, waren die Fujiwara bald die wirklichen Herrscher Japans.

Den Fujiwara gelang es, das Wachstum von Heian-kyo und die Entwicklung seiner auf Kultur bedachten Einwohnerschaft zu fördern. Gegen Ende des 8. und während eines Teils des 9. Jahrhunderts bildete sich eine charakteristische Stadtkultur heraus, aber der Großteil Japans war noch immer rückständig. Die große Masse seiner schätzungsweise fünf Millionen Einwohner waren einfache Bauern; viele Beamte, Priester und Grundbesitzer in der Provinz waren kaum gebildeter als sie. Streitigkeiten waren bei ihnen an der Tagesordnung und Blutvergießen der gebräuchliche Weg, sie beizulegen. Die nördliche Grenze, an der kriegerische Ainu-Stämme hausten, war lange Zeit ein bedrohlicher Unruheherd.

Man sollte meinen, daß sich die Zentralregierung eines solchen nur teilweise zivilisierten Landes in stark bemannten Festungen verschanzt hätte, ähnlich den massiven Burgen des mittelalterlichen Europa. Das war jedoch nicht der Fall. Die knapp zwei Meter hohe Mauer, die Heian-kyo umgab, war nicht mehr als ein Symbol und geriet bald in Zerfall. Der kaiserliche Palast bestand aus einer Gruppe hölzerner Gebäude, die völlig unbefestigt in einem geräumigen Park lagen. Die einzigen Soldaten in der Hauptstadt waren die farbenprächtig uniformierten kaiserlichen Wachen, die nur dem Zeremoniell dienten und so gut wie keinen taktischen Wert hatten. Waffen waren nur selten zu sehen und wurden kaum jemals benutzt. Die wirksamsten Waffen des Wettstreits waren die feinen, spitzen Pinsel, mit denen elegante Höflinge im Wettstreit miteinander subtile und komplizierte Gedichte schrieben.

Es läßt sich nur schwer erklären, wie diese Insel der Ruhe und Kultur in einem Meer von Unwissenheit und Streit gedeihen konnte. Der Buddhismus mag dafür mitverantwortlich gewesen sein: seine Lehre der Gewaltlosigkeit, obwohl häufig von den buddhistischen Priestern selbst ignoriert, bestimmte das Denken vieler Menschen und dürfte auch auf die Politik einen mäßigenden Einfluß ausgeübt haben. Ein möglicherweise noch wirksamerer Faktor war die politische Wendigkeit der Fujiwara, die das «plumpe Rasseln mit dem Schwert» durch raffinierte Intrigen ersetzten.

Vom 9. bis 11. Jahrhundert war die von den Fujiwara beherrschte Regierung verhältnismäßig stark und tatkräftig. Die Fujiwara-Minister arbeiteten an Problemen der Politik und der Verwaltung. Ihr Familienrat entschied über Konflikte innerhalb der Sippe und legte seine Politik gegenüber der Außenwelt fest. Eine große und wirkungsfähige Privatbürokratie verwaltete den enormen Reichtum der Familie und übte zudem den größten

Teil der praktischen Funktionen der Zentralregierung aus. Agenten, die ihnen verantwortlich waren, zogen Steuern ein, ernannten Beamte, beaufsichtigten den Handel und kontrollierten den Hof.

Charmante Instrumente der Staatskunst. Um ihre Stellung zu wahren, mußten die Fujiwara den Kaiser so weit unterstützen, daß er eine repräsentative Pracht entfalten konnte, und gleichzeitig verhüten, daß er ihrem Einfluß entglitt. Dieses ständig wiederkehrende Problem, an dem bereits zahlreiche Gruppen zur Macht drängender Politiker gescheitert waren, lösten sie durch Heiraten, wie die Soga-Familie es Jahrhunderte zuvor praktiziert hatte. Generation um Generation brachte der führende Zweig der Familie zahlreiche schöne, intelligente und fruchtbare Töchter hervor. Diese reizenden «Instrumente» der Staatskunst wurden mit Kaisern oder kaiserlichen Prinzen verheiratet. Normalerweise wurde eine von ihnen Kaiserin, und ihre Söhne heirateten wiederum Töchter der Fujiwara. Nach wenigen Generationen einer solchen Inzucht, die keine nachteiligen genetischen Folgen gehabt zu haben scheint, gehörten die Vorfahren der kaiserlichen Familie fast ausschließlich zur Sippe der Fujiwara.

Fast ausschließlich – aber nicht ganz. Die kaiserliche Familie hatte, was den Fujiwara fehlte – jenen langen, «dünnen genealogischen Faden», der auf die Sonnengöttin Amaterasu zurückführte. Nur ein Mann von göttlicher Abstammung konnte Kaiser werden. Die Fujiwara achteten sorgfältig darauf, daß diese Auszeichnung gewahrt blieb: die Heiligkeit des Kaisers verbot jeden Angriff auf die Zentralregierung. Durch ihn legitimiert und durch seine Aura geschützt, gelang es ihnen, Japan über drei Jahrhunderte lang zu regieren – straff in der Hauptstadt, weit lockerer in den Provinzen.

Sieht man von der politischen Wendigkeit der Fujiwara und dem besänftigenden Einfluß des Buddhismus auf die japanische Politik ab, so gibt es noch einen weiteren Faktor, der zu der langen und friedlichen Existenz von Heian-kyo beitrug: die Begeisterung der japanischen Aristokratie über ihre eigene Version der chinesischen Kultur.

Seit Japan gegen Ende des 6. Jahrhunderts begonnen hatte, die kulturellen Errungenschaften der großen T'ang-Dynastie aus China zu übernehmen, hatten seine Aristokraten und Gelehrten alles Chinesische bewundert. Sie schrieben chinesisch, memorierten chinesische Dichtung und sammelten begierig chinesische Kunstwerke. Große offizielle Gesandtschaften unternahmen die gefährliche Reise nach China und wurden freudig begrüßt, wenn sie, beladen mit den Schätzen einer höheren Zivilisation, zurückkehrten. Diese Verbindung endete bald nach der Gründung von Heian-kyo, denn die T'ang-Dynastie, heimgesucht von Aufständen und Invasionen, zerbrach. Nachdem die Japaner im Jahre 838 eine Gesandtschaftsreise nach China durchgeführt hatten, sahen sie die nächste erst für das Jahr 894 vor; der Plan wurde jedoch aufgegeben, weil die Zustände auf dem Festland als

zu ungeordnet erschienen. Von den Reisen einzelner Gelehrter und Händler abgesehen, brach die Verbindung zu China vollständig ab.

Die Japaner bedauerten den Verlust nicht. Um diese Zeit hatten sie bereits ein ungeheures Quantum chinesischer Kultur absorbiert und in ihrer Hauptstadt ein gesellschaftliches Leben geschaffen, so verlockend, daß die meisten Adelsfamilien, deren Abstammung ihnen das Recht zur Teilnahme verlieh, längst nach Heian-kyo übergesiedelt waren. Dort blieben sie, freiwillig und begeistert; sie gaben die Festungen in der Provinz, die ihnen als Ausgangspunkte möglichen Aufruhrs hätten dienen können, auf und verwandten ihren Reichtum darauf, friedliche kulturelle Unternehmungen zu fördern. Ihr Zusammenströmen in der Hauptstadt, in der jede Gewalttat als Zeichen schlechten Geschmacks galt, verlieh Japan eine Art freiwilliger Einheit. Erst als im 12. Jahrhundert ein völlig neuer Kriegeradel entstanden war, fand die friedliche Heian-Zeit ein blutiges Ende.

Nur wenige Überreste von Heian-kyo sind erhalten geblieben und erinnern an dieses Goldene Zeitalter. Selbst der Name der Stadt wurde geändert. Das moderne Kyoto ist auf seinem Fundament erbaut und hat noch etwas von seinem schachbrettartigen Grundriß bewahrt; doch von einigen wenigen ziegelgedeckten Tempeln abgesehen, haben wiederholte Kriege und Feuersbrünste in den rauheren Zeiten, die auf die Heian-Periode folgten, die hölzernen Gebäude der ursprünglichen Stadt zerstört. Die Stadt selbst wurde vernichtet; aber von ihrer reichen und detaillierten Literatur blieb viel erhalten und erzählt noch heute vom Leben in der alten «Hauptstadt des Friedens und der Stille». Des feinsinnigen, zarten Stils wegen war diese Literatur beim japanischen Volk zu allen Zeiten beliebt.

Das Leben der «guten Leute». Das gesellschaftliche Leben, das in den Schriften der Heian-Zeit so genau beschrieben wird, betraf vermutlich nicht mehr als 3000 von 100 000 Einwohnern der Stadt. Diese wenigen Auserwählten, «die in den Wolken Lebenden», waren Angehörige des eng mit dem kaiserlichen Hof verbundenen Hofadels. Es war ein geschlossener Kreis, der über Jahrhunderte hinweg kaum jemals eine Blutauffrischung erfuhr. Das gewöhnliche Volk galt in ihren Augen als halbmenschlich; man beachtete es kaum, es sei denn als Kuriosität. Die niederen Bürokraten der Regierung galten nur um ein weniges mehr. Selbst Provinz-Gouverneure, die häufig mächtig und unvorstellbar reich waren, wurden als Bauern verachtet. Innerhalb des reizvollen Kreises der Leute von Rang (im Altjapanischen wörtlich «der guten Leute») jedoch bestimmte ein faszinieren-

Als Wächter sollte diese ungefähr 60 Zentimeter hohe Holzstatue einen buddhistischen Altar gegen Dämonen verteidigen. Sie stand in einem 1124 von Kiyohira, einem Feldherrn der Fujiwara-Zeit (866–1160), für sich und seine Nachkommen errichteten prächtigen Grabmal.

des Spiel des Benehmens und des Geschmacks den Erfolg bei Hofe. Jede Bewegung folgte den Regeln äußerster Eleganz. Eine einzige Silbe eines Gedichts konnte über Aufstieg oder Fall eines Höflings entscheiden. Die Tönung des Papiers, auf dem ein Brief geschrieben wurde, die Art, das Blatt zu falten – all das enthielt eine Fülle verborgener Bedeutung. Selbst das Mischen von Parfum wurde als Kunst praktiziert; es kam oft vor, daß man prominente Herren in völlig verdunkelten Räumen an einem Hauch ihres Lieblingsparfums erkannte.

Die feingeistige Literatur, die die elegante Gesellschaft der Heian-Zeit schildert, wurde fast ausschließlich von Frauen geschrieben. Das hatte seinen besonderen Grund. Das chinesische Schriftsystem, das japanische Gelehrte in der Frühzeit des chinesischen Einflusses für die japanische Sprache übernommen hatten, galt in alter Zeit als viel zu schwierig, als daß Frauen es erlernen könnten. Die chinesische Schrift besteht aus Tausenden verschlungener Zeichen, die nicht Laute, sondern Wörter bedeuten. Dieses System bewährte sich im Chinesischen, weil die chinesischen Worte einsilbig sind und nicht flektiert werden. Für das Japanische jedoch, eine Sprache von völlig anderer Struktur, war es von qualvoller Unbeholfenheit und mußte abgeändert werden – auf eine Weise jedoch, die ebenfalls unbeholfen war. Dennoch hielt sich das chinesische Schriftsystem, und jahrhundertelang galt als gebildet, wer sich in der Fülle chinesischer Schriftzeichen auskannte.

Die Japaner hatten sich selbst unnötige Schwierigkeiten bereitet: selbst in alter Zeit wäre ihre Sprache leicht phonetisch zu schreiben gewesen. Sie hatte nur 47 Silben; ordnete man jeder von ihnen ein Symbol zu, das sie darstellte, so ließ sich das gesprochene Wort ohne große Schwierigkeiten zu Papier bringen. Schon im 9. Jahrhundert wurden zwei Systeme der Silbenschrift entwickelt, die beide *kana* genannt und für informelle Zwecke und populäre Literatur weithin gebraucht wurden. Das Schreiben in *kana* war jedoch unter der Würde hochgestellter Herren und Gelehrter, die mühsam die schwierigen chinesischen Schriftzeichen gelernt hatten. Wenn es um ernste Dinge ging, schrieben sie chinesisch; Werke von literarischem Wert konnten unter diesen Umständen kaum entstehen.

Die lebensfrohen adligen Damen der Heian-Zeit waren solchen Beschränkungen nicht unterworfen. Man erwartete von ihnen nicht, daß sie das mühsame Chinesisch erlernten, aber sie waren überaus gewandt in *kana*, das manchmal als «Frauen-Schrift» bezeichnet wurde. Die intelligenteren Frauen schrieben und schrieben. Briefe, Tagebücher, Romane und Gedichte flossen aus ihren Pinseln. Die besten ihrer Arbeiten gehören noch heute zur lebendigen Literatur; in ihnen erwachen die Menschen und Orte dieser frühen Zeit zu neuem, farbigem Leben. Leichtfüßige Heian-Autorinnen schildern die Routine des Hoflebens, beschreiben Menschen und ihr Benehmen, erzählen von Unterhaltungen wie Dichterwettkämpfen oder sogar

Ausflügen zum «Kuckuck-Betrachten», bei denen Scharen von Mädchen sich in Ochsenkarren aufs Land hinauswagten, um dem Gesang der Vögel zu lauschen, Blumen zu sammeln und mit jedem jungen Mann zu flirten, der ihnen über den Weg lief. Einige dieser Werke haben ernsteren Charakter und gehören zum Besten der Weltliteratur; sie blicken hinter die fröhliche Oberfläche des Lebens in der Heian-Zeit und legen mit bestürzendem Scharfblick die universellen Sorgen und Ängste bloß, die selbst den scheinbar unbekümmerten Hofadel beunruhigten.

Mittelpunkt der farbenprächtigen, von der Heian-Literatur geschilderten Gesellschaft war der Kaiser, der manchmal noch ein Kind war, wenn er den Thron bestieg. Als religiöses und nationales Symbol aufrichtig verehrt, aber im Grunde ohne politische Macht, verbrachte er sein Leben damit, die langen, bedächtigen, geheiligten Rituale zu vollziehen, die für die Wohlfahrt des Landes notwendig waren, oder bei den zahlreichen Festlichkeiten des Hofes als Zentralfigur mitzuwirken. Zu den Feiern, bei denen die Gegenwart des Kaisers erwartet wurde, gehörte das alljährlich stattfindende Chrysanthemen-Fest, bei dem er und seine Adligen die Chrysanthemen im Garten des Palastes inspizierten.

Den Kaiser umgab eine vielköpfige Bürokratie, mit Funktionen von ähnlicher Bedeutsamkeit beschäftigt: man debattierte und verfaßte endlose Protokolle über Geringfügigkeiten wie etwa die Frage, welche Art von Gefährt für einen Adligen von bestimmtem Rang angemessen sei. Die adligen Höflinge, die diese Arbeit zu überwachen hatten, bezogen zwar stattliche Gehälter, verbrachten jedoch nur wenige Zeit mit ihrer Arbeit und mieteten oft Ersatzleute, die sie für sie erledigen sollten.

Die «in den Wolken Lebenden», wie sich die Hofgesellschaft nannte, dürften nach heutigen Schönheitsbegriffen kaum attraktiv ausgesehen haben. Die Männer trugen winzige Bartflecken an der Kinnspitze. Männer wie Frauen bedeckten ihre Gesichter mit weißem Puder. Die Frauen rasierten sich die Augenbrauen ab und malten sich dafür weit dickere Brauen hoch auf die Stirn. Überdies schwärzten sie ihre Zähne; weiße Zähne galten als grell und häßlich. Ihr glänzendes schwarzes Haar ließen sie so lang wie möglich wachsen.

Die Kleidung war unglaublich vielfältig, und fast für jedes Detail gab es Bestimmungen des Hofes oder der Etikette. Die Männer trugen einen schwarzen, lackierten Kopfschmuck. Sowohl Männer wie Frauen trugen weite Hosen, über denen eine Frau bei besonderen Anlässen nicht weniger als zwölf verschiedenfarbige Obergewänder mit unterschiedlich langen Ärmeln trug, von denen jeweils am Handgelenk ein schmaler Saum zu sehen war. Bei Ausflügen im Wagen ließen die Mädchen ihre vielfarbigen Ärmel über den Wagenrand hängen, damit Passanten sie bewundern konnten. Jeder Farbton mußte genau stimmen; zeigte auch nur einer eine Spur schlechten Geschmacks, so sprach der ganze Hof davon.

Die Tagebücher und Romane der Damen dieser Epoche entwerfen ein lebendiges Bild der Stadt, die den Hintergrund dieser gesitteten Lebensart bildete. Ihre Straßen waren breit und von Bäumen gesäumt; sie glichen eher Parks als Durchfahrten. Die Hauptallee, die von der Einfriedung des Kaiserpalastes nach Süden führte, war nahezu hundert Meter breit; die Schönheit der Weiden, die sie säumten, wurde oft in Gedichten besungen. Innerhalb der Einfriedung des Palastes erhob sich das eindrucksvollste Gebäude der Stadt – die Große Staatshalle mit dem Podium, auf dem der kaiserliche Thron stand. Diese etwa fünfzig Meter lange Halle war rot bemalt; ihr leuchtendblaues Ziegeldach ruhte auf zweiundfünfzig Säulen.

Die Räume des Hausherrn in diesem Haus (um 1150) der politisch einflußreichen Fujiwara-Familie dienten oft als zeitweiliges Quartier des Kaisers. Sie bestanden aus einem Hauptraum mit einem von Vorhängen umgebenen Bett in der Mitte, umringt von Wohn- und Vorratsräumen. Die einzelnen Zimmer waren durch Bambuswände, Papierschirme und Vorhänge abgeteilt; die Schirme konnten entfernt werden, so daß ein großer Raum entstand, in dem die Gäste des Kaisers Hahnenkämpfen und Ballspielen beiwohnen konnten.

Einige Sakralbauten außerhalb des Palastgebietes hatten hohe grüne Ziegeldächer, die meisten Gebäude jedoch waren einstöckig und mit Stroh oder Schindeln gedeckt.

Die Häuser der Adligen (andere werden in der Literatur kaum erwähnt) standen an den Hauptalleen auf großen Grundstücken, umgeben von niedrigen, weißgekalkten Steinmauern mit geschnitzten und bemalten Toren. Zahlreiche Gebäude erhoben sich auf einem solchen Grundstück: neben der Wohnung des Hausherrn standen andere Bauten, in denen seine Hauptfrau, seine Nebenfrauen und Mätressen, seine Kinder, Verwandten, Gefolgsleute und Diener wohnten. Wie die Tempel und Staatsgebäude waren alle Häuser aus Holz. Rechtwinklig und auf geschmackvolle Weise einfach, nahmen sie die Strenge und Einfachheit vorweg, die auch in späteren Zeiten einen Großteil der japanischen Kunst und Architektur auszeichnen sollte. Jedes Hauptgebäude enthielt einen großen Raum, der durch bewegliche Wandschirme und Trennwände in kleinere Räume unterteilt werden konnte. Fenster gab es nicht. Die Außenwände bestanden vorwiegend aus Läden, die bei warmem Wetter abgenommen und durch Bambusgeflecht ersetzt wurden. Alle Gebäude waren durch lange gedeckte Gänge miteinander verbunden, und ein mit der Zeit wachsender Haushalt wurde bald zu einem wahren Irrgarten aus Passagen und Höfen.

Wie noch heute, gab es in japanischen Häusern fast keine Möbel. Neben den beweglichen Wandschirmen gab es hier und da niedrige Tische, Kohlenpfannen zum Heizen und Kissen, mit denen man sich auf den Boden setzte. In der Mitte der großen Räume erhob sich eine *chodai* genannte Plattform, etwa drei Meter im Quadrat und sechzig Zentimeter hoch. Mit Matten und Kissen ausgestattet und von Vorhängen umgeben, diente sie als Schlafraum. Ein weiterer Einrichtungsgegenstand war der *kicho,* ein tragbares, mit hübschen Vorhängen versehenes Gestell, knapp zwei Meter hoch, das eine etwas ungewöhnliche Funktion hatte. Es gestattete einer Dame von Rang, ihre Umgebung zu beobachten und eine Unterhaltung zu führen, ohne selbst gesehen zu werden; wer sich außerhalb der Vorhänge befand, nahm nur ungefähre Umrisse wahr. Der entscheidende Augenblick in einer Liebesgeschichte der Heian-Zeit war im allgemeinen dann gekommen, wenn die Dame einem Herrn erlaubte, hinter ihren *kicho* zu kommen.

Der beliebteste Schauplatz des gesellschaftlichen Lebens waren die Gärten der Adelspaläste. In diesen sorgfältig angelegten Parkflächen speisten reißende Bäche mit klarem Bergwasser künstliche Seen, in denen es manchmal mit Fichten bestandene kleine Inseln gab. Bei größeren Festlichkeiten wurden kunstvoll geschnitzte und bemalte Boote herbeigebracht, mit denen man diese Seen befuhr. Bei «Banketten am gewundenen Wasser» saßen Damen und Herren an den Ufern, lauschten der Musik und ließen anmutig flirtend ihre Fächer flattern. Dann und wann trieb ein Lackbecher mit Wein vorbei; die Gäste nahmen ihn der Reihe nach auf, tranken einen Schluck daraus und rezitierten elegante Verse, bevor sie ihn ins Wasser zurücksetzten.

Eine der aufschlußreichsten Beschreibungen des Lebens in der Heian-Zeit vermittelt das *Kopfkissenbuch* der Dame Sei Shonagon, einer unbekümmerten jungen Frau von scharfer Beobachtungsgabe, die um das Jahr 966 geboren wurde und Hofdame der Kaiserin Sadako war. Sei Shonagons Stärke war das Verseschmieden, und ihr Buch ist reich an Gedichten, Wortspielen und literarischen Anspielungen. Die Gedichte machten großen Eindruck und brachten Sei Shonagon in den Ruf, die geistreichste Dame des Hofes zu sein. Sie sind jedoch so verworren gebaut, daß sie sich einer Übersetzung entziehen; für den heutigen Leser sind ihre Schilderungen alltäglicher Szenen der Heian-Zeit weit interessanter. Sei Shonagon schreibt:

Das Mädchen trägt ein ungefüttertes Gewand aus weichem weißem Stoff, lange Hosen und einen hell purpurnen Mantel, den sie unbekümmert über die Schulter geworfen hat. Aber eine furchtbare Brustkrankheit quält sie. Die anderen Hofdamen kommen und setzen sich zu ihr, und vor dem Zimmer wartet eine Schar sehr junger Männer, die sich besorgt nach ihr erkundigen: Wie furchtbar traurig! Hat sie schon einmal einen solchen Anfall gehabt? – und so weiter. Kein Zweifel, ihr Geliebter ist unter ihnen, der Arme, er ist außer sich vor Kummer. Aber wahrscheinlich ist ihre Verbindung geheim, und aus Angst, sich zu verraten, hält er sich am Rande der Gruppe und versucht, Neuigkeiten zu erlauschen. Sein Elend ist rührend.

Die Dame bindet ihr schönes langes Haar hinten zusammen und erhebt sich von ihrem Lager. Selbst jetzt liegt eine Anmut in ihren Bewegungen, die das Zuschauen zu einer Freude macht. Die Kaiserin hört von ihrem Zustand und schickt ihr sogleich einen namhaften Rezitator der Heiligen Schriften; die Schönheit seiner Stimme ist berühmt, und er soll an ihrem Lager vorlesen. Der Raum ist sehr klein, und zu der Schar der Besucher kommen noch zahlreiche Damen, die nur an der Vorlesung teilhaben wollen. Angesichts dieser Menge junger Frauen wirft der Priester beim Lesen ständig Blicke um sich – in seinem kommenden Leben wird er dafür sicher zu büßen haben.

Von den hochgeborenen Damen, die Sei Shonagon beschreibt, besonders den jungen und hübschen, erwartete man, daß sie ein zurückgezogenes Leben führten, sich vor neugierigen Augen hinter ihren *kichos* verbargen und ihr Gesicht nur Dienern und nahen Verwandten zeigten. Einige von ihnen folgten zweifellos diesem langweiligen Ideal; die meisten jedoch waren – nach dem Zeugnis der zeitgenössischen Literatur – für jeden Vorwand dankbar, ins Freie zu gelangen, zu sehen und gesehen zu werden. Stand eine öffentliche Zeremonie oder ein üppiges Privatgelage bevor, so erschienen die Mädchen in ihren Wagen, von Vorreitern und Läufern umgeben, oft auch von Bewunderern, die neben ihnen herritten. Manchmal knarrten fünfhundert Wagen über die Alleen der Hauptstadt und verwirrten sich in «geselligen Verkehrsstockungen», bei denen die Passagiere Komplimente, Verse und Lieder austauschten.

Tage ohne Unterhaltung waren langweilig, aber die Nächte wogen sie im allgemeinen auf. «Ich liebe das Gefühl, ständig auf der Hut sein zu müssen», schreibt Sei Shonagon. «Und wenn das für den Tag gilt, um wieviel mehr gilt es dann für die Nacht, wenn man jeden Augenblick darauf gefaßt sein muß, daß etwas geschieht! Die ganze Nacht hindurch hört man das Tappen von Schritten auf dem Gang. Manchmal hört es vor einer bestimmten Tür auf, es folgt ein leises Klopfen, nur mit einem Finger, aber man weiß, daß die Dame drinnen das Klopfen sofort erkennen wird.»

Sei Shonagon muß ein solches Klopfen an ihrer eigenen Tür schon oft gehört haben, denn sie kennt alle Details der heimlichen, aber formellen Affären der Heian-Zeit. «Es ist wichtig», erläutert sie, «daß ein Liebhaber weiß, wie er sich verabschieden muß ... Er muß die Dame seines Herzens davon überzeugen, daß er nur ungern geht und gern länger bliebe, wenn er nur könnte. Er ... sollte zuerst seinen Mund dem Ohr der Dame nähern und flüsternd zu Ende bringen, was er im Verlauf der Nacht nur halb ausgesprochen hat. Dann soll er die Läden öffnen und ihr sagen, wie sehr er den kommenden Tag fürchtet und den Einbruch der Nacht herbeisehnt. Nachdem er hinausgeglitten ist, kann sie ihm nachschauen — mit reizvollen Erinnerungen an diese letzten Augenblicke. Der Erfolg eines Liebhabers hängt in der Tat weitgehend von der Art seines Abschiedes ab.»

Der Auftakt einer solchen Liebesgeschichte der Heian-Zeit war häufig ein Brief. Der junge Mann, von einem schönen Mädchen angezogen, verfaßte ein Gedicht; er wog jede Silbe und versuchte, ein Bild heraufzubeschwören, das der Dame nahelegte, die bisher nur flüchtige Bekanntschaft zu vertiefen. Sorgsam wählte er das Briefpapier aus, dessen Farbe und Beschaffenheit bereits die Gefühle ausdrückte, die er mitteilen wollte. Dann griff er zum Pinsel, um den entscheidenden Schritt zu wagen — die Abfassung des Briefes.

Die Beherrschung der Kalligraphie (Schönschreibkunst) zählte zu den wichtigsten Fertigkeiten des Heian-Adels; die Handschrift eines Menschen verriet nicht nur seine Bildung, sondern auch seine gesellschaftliche Stellung, seinen Charakter und seine Stimmung. Es kam vor, daß ein Mann ein reizendes Mädchen bewunderte, ihr einen poetischen Brief schrieb, ihn dann einem Boten anvertraute — doch wenn es der Schönschrift ihrer Antwort an Anmut und Feingefühl fehlte, so kam sie für ihn nicht mehr in Betracht, einerlei, wie es um ihre Reize bestellt war.

Ein berühmtes Buch. Eine ernsthaftere Autorin als Sei Shonagon war die Dame Murasaki Shikibu, deren Buch *Die Geschichte vom Prinzen Genji* zu den großen Klassikern der japanischen Literatur gehört. Es ist der erste Roman der östlichen Welt und überdies einer der längsten. Zu Beginn des 11. Jahrhunderts geschrieben, war er Gegenstand von Lobpreisungen, Analysen und Meinungsverschiedenheiten, die bald nach dem Tode der Autorin einsetzten und bis heute andauern. Kaum jemals hat ein Roman — oder irgendein anderes Werk der Literatur, berühmte religiöse Bücher ausgenommen — soviel Interesse erregt. In Japan allein wurden mehr als 10 000 Bücher über ihn geschrieben. Bereits im 13. Jahrhundert erschien ein 54bändiger Kommentar, und im Jahre 1960 veröffentlichte ein japanischer Verleger eine *Enzyklopädie zum Prinzen Genji*, die mehr als 1200 Seiten umfaßt.

Die Geschichte vom Prinzen Genji verdient diese Beachtung. In der Sprache des 11. Jahrhunderts geschrieben, wurde das Werk der Dame Murasaki in modernes Japanisch und auch in andere Sprachen übersetzt (1937 zum erstenmal in deutscher Sprache). Wie wenige andere Werke der Weltliteratur macht es den Leser mit einer exotischen Lebensweise vertraut, die in der Vergangenheit liegt und sich nie wiederholte, aber dennoch menschlich glaubhaft bleibt. Seine Charaktere und Situationen, die mehrere Generationen überspannen, ändern sich von Kapitel zu Kapitel; die Szenerie wechselt ständig — von fröhlichen Unterhaltungen am Heian-Hof zu ernsten Feierlichkeiten in Bergklöstern und dann wieder zu Wettbewerben in Malerei, Dichtung und Parfum-Mischen. Man braucht den Roman, um ihn zu genießen, freilich nicht in seiner verwirrenden Gänze zu lesen; das große Buch enthält eine Fülle kurzer Episoden, die man als abgeschlossene Erzählungen lesen kann.

Natürlich sind es zumeist Liebesgeschichten. Der Held des Romans, Prinz Genji, der «Strahlende Prinz», ist der hübsche Sohn eines Kaisers, der, wie die Dame Murasaki sagt, «einerlei wann» lebte; das Buch ist über weite Strecken eine psychologische Studie der zahllosen Liebesaffären Genjis. Daneben erfährt man von den Liebesgeschichten einiger seiner Freunde, Verwandten und Nachkommen.

Die Hauptfrau des Prinzen Genji war eine Dame, mit der er wenig anfangen konnte; da jedoch beim Heian-Adel die Polygamie weit verbreitet war, brauchte er amourösen Abenteuern nicht aus dem Wege zu gehen. Sein Charme und seine Stellung erlaubten ihm die Auswahl unter all den jungen Ehrendamen, die am Hofe seines Vaters lebten. Aber sie interessierten ihn nicht. Er war beständig auf der Suche nach Frauen von besonderer Eigenart, und diese Suche führte ihn in bescheidene Hütten, vernachlässigte, von Unkraut umwucherte Gebäude oder an andere Orte, an die sich ein reizendes Mädchen von Adel zurückgezogen haben mochte.

In einer der zartesten dieser Geschichten wird Genjis Suche bei einem Ausflug zu den heiligen Bergen der Mönche und Einsiedler belohnt: er besucht einen berühmten Heiligen und findet bei ihm zufällig die Tochter eines Prinzen, ein zehnjähriges Mädchen, behütet von seiner Großmutter,

Um die leeren Stunden zwischen den offiziellen Hofzeremonien auszufüllen, schrieb eine der Hofdamen am japanischen Kaiserhof des 11. Jahrhunderts eine Liebesgeschichte. Ungefähr 630 000 Worte, mit dem Pinsel auf Papier gesetzt, ergaben schließlich die «Geschichte vom Prinzen Genji» – den ersten bedeutsamen Roman der östlichen Welt und ein Hauptwerk der klassischen japanischen Literatur. Es liefert vor allem Einblick in das Hofleben der Heian-Zeit. Liebesaffären endeten oft betrüblich, wie es die folgenden Episoden aus der «Geschichte», illustriert mit Gemälden aus Bildrollen des 12. Jahrhunderts, zeigen. Das erste Bild zeigt Prinz Genji, auf dem Weg zu einer befreundeten Hofdame. Ein Diener führt ihn, ein anderer hält einen Schirm schützend über ihn.

einer buddhistischen Nonne. Nach dem Tode der Nonne nimmt Genji das Mädchen zu sich, läßt sie in seinem eigenen Haus heranwachsen und wird schließlich ihr Geliebter. Diese Geschichte ist so zurückhaltend erzählt, daß sie kein falsches Licht auf den «Strahlenden Prinzen» wirft; sie führt zu einem glücklichen Ende: das Mädchen wird die Lieblingsfrau des Prinzen Genji.

Doch auch in der Welt Genjis ist nicht alles Glück. Selbst den unbeschwertesten Genießern der Heian-Zeit bereiten Krankheit und Tod häufig Kummer, und viele der Liebesaffären, von denen die *Geschichte vom Prinzen Genji* berichtet, enden tragisch. Eine von Genjis reizenden Geliebten stirbt behext vor seinen Augen. Verzweifelt versucht er, sie ins Leben zurückzurufen, den bösen Geist zu vertreiben, den er sich als eine große, widerwärtige Frau vorstellt. Aber vergeblich: der schlanke Körper des Mädchens erkaltet. Die entsetzliche Szene verfolgt Genji förmlich; er erkrankt selbst und scheint dem Tode nahe. Zwar erholt er sich gerade noch rechtzeitig, um buddhistische Riten anzuordnen, die am 49. Tag nach dem Tode des Mädchens abgehalten werden müssen, wenn ihre Seele bereit ist, ihr nächstes Leben zu beginnen; doch das ist nur ein geringer Trost.

Insgeheim suchte er in seiner Schatzkammer nach Geschenken für die Priester; da fiel ihm ein bestimmtes Gewand in die Hände, und als er es zusammenfaltete, entstand das Gedicht: «Der Gürtel, den ich heute unter Tränen knote — werden wir ihn in einem anderen Leben lösen?» Bisher war ihre Seele im Leeren umhergewandert, doch nun mußte sie bereits auf einem neuen Lebenspfad unterwegs sein; und er betete lange in großem Kummer um ihre Sicherheit.

Trotz ihrer Verfeinerung war die in der *Geschichte vom Prinzen Genji* dargestellte Heian-Welt voller Brüche und Widersprüche. Bildung be-

Prinz Genji war das Muster eines Adligen der Heian-Zeit. Er hatte mehrere Frauen — was am japanischen Hof durchaus üblich war — und behandelte sie mit äußerster Freundlichkeit.

Eines Tages jedoch, als Genji nicht zu Hause war, bedrängte ein verliebter Höfling die jüngste Frau des Helden, Nyosan, mit seiner Zuneigung. Bald danach erwartete Nyosan ein Kind. Von Gewissensbissen geplagt erklärte sie, sie habe sich entschlossen, Nonne zu werden. Um einen Skandal zu vermeiden, erkannte Genji den illegitimen Sohn Kaoru seiner jüngsten Frau als seinen eigenen an. Er unterzog sich den üblichen Zeremonien, die ein Adelsherr bei der Geburt eines Sohnes zu beachten hatte. Die Szene links zeigt Genji, der in prunkvoller Hofkleidung, den kleinen Kaoru im Arm, im Empfangszimmer sitzt, bereit, die Glückwünsche seiner Freunde und seiner Verwandten entgegenzunehmen. Genji senkt bekümmert den Kopf. Für ihn liegt eine bittere Ironie in der frohen Festlichkeit des Tages: denn auch ihm hatte einst eine der Nebenfrauen seines Vaters einen Sohn geboren — ein Verstoß gegen die guten Sitten, der «niemals aufhörte, sein Gewissen zu quälen». *(Fortsetzung S. 46)*

schränkte sich vorwiegend darauf, daß man die schwerfällige chinesische Schrift beherrschte, zahllose Gedichte auswendig wußte und in den Fragen des Benehmens und der Etikette sicher war. Es gab keine Wissenschaft, kein geistiges Leben, und nachdem der Kontakt mit China um das Jahr 800 abgebrochen war, auch keinerlei Interesse an fremden Ländern. Selbst Japans eigene Vergangenheit fand kaum Beachtung; die Höflinge der Heian-Zeit lebten in der Gegenwart, «altmodisch» war für sie ein Ausdruck höchster Verachtung. Man kleidete sich elegant, aber man speiste sehr einfach – Speisen werden in der Heian-Literatur kaum erwähnt. Auf den Bau und die Pflege von Gärten wurde große Mühe verwandt; die Häuser dagegen, in denen man wohnte, hätten weit behaglicher ausgestattet sein können.

In religiösen Dingen stand der primitivste Aberglaube Seite an Seite mit erhabener buddhistischer Philosophie. An Wahrsagungen glaubte man allen Ernstes, und die Interpretation von Vorzeichen als gut oder schlecht spielte selbst in der Regierungspolitik eine entscheidende Rolle. Bestimmte Tage galten als unheilbringend; an solchen Tagen bemühte sich jedermann, zu Hause und so untätig wie möglich zu bleiben. Selbst so belanglose Dinge wie das Baden oder das Waschen der Haare wurden bis zu einem Tag aufgeschoben, der mehr Glück verhieß. Der Glaube an Dämonen, Kobolde und andere böse übernatürliche Geister war weit verbreitet, und um sie in Schach zu halten, gab es eine Fülle von Beschwörungen und Zaubersprüchen. Die Wachen vor dem kaiserlichen Palast etwa ließen in regelmäßigen Abständen die Sehnen ihrer Bogen schwirren, um alle bösen Geister zu vertreiben, die in kaiserliches Gebiet eingedrungen sein mochten.

Andererseits vermitteln die Schriften der Aristokraten dieser Zeit oft den Eindruck, als seien sie aufrichtig fromm gewesen; die buddhistische Vorstellung von der Welt als eines Ortes des Leidens war tief in ihren Gedanken verankert. Aber der Heian-Adel liebte das Leben zu sehr, um ständig über seine Mißlichkeiten zu grübeln. Die Frauen bewunderten die Eleganz der Männer, und die Männer waren begeistert von der Schönheit der Frauen. Kaum eine Seite der *Geschichte vom Prinzen Genji,* die nicht eine begeisterte Naturschilderung enthält – es wird von Blumen berichtet, von Nebel über einem stehenden Gewässer oder Rauhreif auf den Nadeln der Fichten. Obwohl sich die Heian-Aristokraten selten weit von ihrer geliebten Hauptstadt entfernten, beobachteten sie jeden Wechsel der Jahreszeit, sie lauschten den Stimmen der Vögel und Insekten, sie hatten eine angstvolle Freude an Gewittern und Taifunen. Ein Großteil ihrer Literatur porträtiert sie zwar mit einem Lächeln auf den Lippen, die ernsteren Werke jedoch durchzieht ein Gefühl der Düsterkeit und der Melancholie, denn sie waren sich des Bösen in der Welt durchaus bewußt.

Zu Beginn des 11. Jahrhunderts begann die reizvolle Welt der Heian-Aristokratie zu versinken. Buddhistische Weise hatten schon seit langem darauf hingewiesen, daß die «späteren Tage des Gesetzes», in denen die

Wirkung der buddhistischen Lehren erlosch, nahe bevorstanden. Viele Höflinge jener Zeit sahen der Zukunft mit ständig wachsender Besorgnis entgegen. Und in der Tat nahmen die Schwierigkeiten zu. Sie hatten keinerlei mystischen Ursprung, sondern erwuchsen aus dem Zerfall der politischen und ökonomischen Strukturen der Hauptstadt.

Die Wurzeln dieser Schwierigkeiten liegen im 7. Jahrhundert, in dem Kaiser Kotoku versuchte, durch die Taika-Reform das chinesische System des staatlichen Landbesitzes einzuführen. Dieses System, das landbestellende Bauern voraussetzte, die ihre Steuern direkt an die kaiserliche Regierung abführten, ließ sich in Japan nie ganz durchsetzen — vor allem deshalb, weil die Zentralregierung nie stark genug war, um es zu erzwingen. Viele Provinzmagnaten übten auch weiterhin die Kontrolle über fruchtbares Land aus und weigerten sich unter den verschiedensten Vorwänden, Steuern zu zahlen.

Noch mehr Schaden verursachte der Brauch, besteuerbares Land Adligen «anzuvertrauen», die keine Steuern zu zahlen brauchten. Diese Praxis erwuchs aus der Lage der Bauern, deren Land dem Staat direkt unterstand, nicht jedoch einem der mächtigen Grundbesitzer. Für diese armen Bauern gab es keine ortsansässigen Adligen oder Aufseher, die sie vor der Korruption und Grausamkeit der kaiserlichen Steuereinnehmer schützten oder vor kaiserlichen Agenten, die Männer für Arbeiten oder Militärdienst aushoben. Besonders gefürchtet war die Einberufung zu den Truppen. Ein junger Soldat mußte Verpflegung, Kleidung und Waffen selbst stellen, und die Last, einen Sohn im Heer zu haben, genügte häufig, eine Bauernfamilie zu ruinieren.

Aus dieser unsicheren Lage gab es einen einfachen Ausweg. Der Bauer vertraute sein Land einem steuerfreien Adligen oder einem Tempel an; dann erhielt er das Recht, es zu bestellen — gegen Abgaben, die niedriger waren als die Steuern und Dienste, die er dem Staat schuldete. War der neue Grundherr mächtig genug, dann schützte er den Bauer vor habgierigen Beamten und bewahrte seine Söhne vor dem Militärdienst.

Während das besteuerbare Land schrumpfte, nahm der Privatbesitz an Größe zu. Manche der Güter gehörten dem reichen Hofadel, besonders der Sippe der Fujiwara, der reichsten von allen; andere waren persönlicher Besitz der vielen Angehörigen der kaiserlichen Familie. Oft gründete die Zunahme der Privatgüter auch in abenteuerlichen Pioniertaten, die sich der Kontrolle des Hofes entzogen. Mancher junge Mann aus guter Familie, den es nicht reizte, der modischen Hofgesellschaft anzugehören, ging in die Provinz, um ein unzureichendes Erbe zu vergrößern, und kehrte nie zurück. Das gleiche taten junge Männer bäuerlicher Herkunft; sie verließen ihre Heimat in bewohnten Gebieten und gingen in der Hoffnung auf ein besseres Leben in die wilden Grenzgebiete. Dort gaben weder die Adligen noch die Bauern viel auf Befehle aus der Hauptstadt.

Der junge Kaoru galt stets und ohne Frage als Sohn Genjis. Er wurde nach den strengen Vorschriften des höfischen Adels erzogen und wuchs zu einem gut aussehenden Jüngling heran. Eines Tages verliebte sich Kaoru in Oigimi, der älteren Tochter seines Freundes. Aber Oigimi verschmähte seine Zuneigung; später, als ihr Vater starb, war ihre Trauer so groß, daß sie sich zu Tode grämte. Lange konnte Kaoru sich über den Tod Oigimis nicht hinwegtrösten. Als ihm jedoch der Kaiser die Hand seiner Tochter anbot, unterdrückte er seine Trauer und nahm an. Dieses Bild zeigt das Heiratsangebot mit den typischen höfischen

Etiketten der Heian-Zeit. Seine Majestät forderte Kaoru zu einer Partie «go» auf, einem uralten japanischen Brettspiel, und setzte vage hinzu, Kaoru werde, wenn er gewinne, «ein Geschenk erhalten und ein recht hübsches dazu» – eine verschleierte Anspielung auf seine Tochter. In dieser Szene zieht der Kaiser, Kaoru gegenübersitzend, einen seiner Steine auf dem «go»-Brett. Damit neigte sich die Geschichte seiner Jugend ihrem Ende zu, und Kaoru wurde als Schwiegersohn des Kaisers eine der einflußreichsten und wichtigsten Persönlichkeiten am Hof der Heian-Zeit.

Japan dehnte sich aus. Jahr für Jahr wurde mehr Reisland kultiviert, besonders im Norden der Hauptinsel Hondo. Theoretisch war neues Land Staatseigentum; ein großer Teil davon fiel jedoch Provinzbaronen in die Hände, die den parfümierten und kulturbesessenen Aristokraten in der kaiserlichen Hauptstadt durchaus nicht glichen. Sie waren überaus zäh und standen fest in der Tradition der Kriegführung gegen halb unterworfene Ainu und eine aufsässige Grenzbevölkerung aus japanischen Siedlern, Vogelfreien, Eingeborenen und den Nachkommen all dieser Elemente. Ähnlich war die Lage im Süden auf Kyushu, wo Kumaso genannte Barbaren

Dieses Kloster, überragt von den Gipfeln des Berges Muro, wurde im 9. Jahrhundert erbaut. Die Mönche wohnten unten am Fluß, beteten jedoch in Tempeln, die auf höher gelegenen, heiligerem Land errichtet waren. Die Klöster der Heian-Zeit (794–1192) besaßen große Flächen steuerfreien Landes – sehr zum finanziellen Nachteil des kaiserlichen Haushalts (Holzschnitt, um 1700).

schon seit Jahrhunderten der Eroberung durch die Japaner widerstanden. Selbst in seit langem besiedelten Gebieten stellten die Provinzbarone Privatheere auf, um sich zu schützen oder um ihren Nachbarn Land abzunehmen. Buddhistische Klöster folgten ihrem Beispiel: sie bewaffneten ihre Mönche oder mieteten Söldner, um neues Land oder höhere Einkünfte zu gewinnen.

Aufruhr in den Provinzen. Die Zentralregierung, das heißt im Grunde die Familie Fujiwara, führte ein langes Rückzugsgefecht gegen den Verlust besteuerbaren Landes und die zunehmende Unabhängigkeit der Provinzen. Je mehr ihr Einkommen und Einfluß abnahmen, desto öfter war sie gezwungen, sich auf Bündnisse mit kriegerischen Provinzfamilien einzulassen – in erster Linie mit einer Minamoto genannten Sippe, die an der Spitze einer mächtigen Allianz stand und unter dem Namen «die Zähne und Klauen der Fujiwara» bekannt war. Eine andere Familie, die Taira, half den Fujiwara bei diesem innenpolitischen Kampf. Allmählich sammelten sich die Krieger entweder unter dem Banner der Minamoto oder unter dem der Taira und spalteten damit den größten Teil der Nation in zwei kriegerische Allianzen.

Zu Beginn des 11. Jahrhunderts herrschte in den Provinzen Aufruhr. Private Heere kämpften gegeneinander und trotzten den Streitkräften der Zentralregierung. Die Landstraßen wurden von Banditen heimgesucht, die Meere wimmelten von Piraten. Oft drang die Unordnung bis in die «Hauptstadt des Friedens und der Stille» vor. Räuber brachen in die Häuser der Adligen ein oder setzten die hölzernen Gebäude in Brand. Bewaffnete Mönche aus den Bergklöstern zogen über die stattlichen Alleen der Stadt und bedrohten vor den Toren des kaiserlichen Palastes die von den Fujiwara beherrschte Regierung. Größere Revolten wurden durch die Heere der Minamoto brutal unterdrückt. Da sie nicht sehr fromm waren, lag ihre besondere Stärke darin, räuberische Mönche wieder in ihre Klöster zurückzujagen. Aber die Unordnung nahm zu; ein Großteil der Stadt brannte bis auf den Boden nieder und wurde nicht wieder aufgebaut. Ganze Stadtviertel verkamen, und es wimmelte von Gesetzesbrechern und Räubern.

Was das schlimmste war: die Fujiwara schienen ihre magischen politischen Kräfte verloren zu haben. Nebenlinien der gewaltig angewachsenen Familie stellten sich gegen andere, und zu einem kritischen Zeitpunkt gab es bei dem führenden Zweig nicht mehr genug Töchter, um alle Sprößlinge der kaiserlichen Familie mit Fujiwara-Ehefrauen zu versorgen. Im Jahre 1068 bestieg der Kaiser Go Sanjo (Sanjo II.) den Thron. Seine Mutter war keine Fujiwara, und folglich hatte er keine Kindespflichten gegenüber der seit langem herrschenden Familie. Außerdem war er kein hilfloser Jüngling. Er war 35 Jahre alt, ein tatkräftiger, intelligenter Mann, entschlossen, ohne die Kontrolle der Fujiwara zu regieren.

Das gelang ihm vier Jahre lang, obwohl die Unordnung in den Provinzen andauerte und noch zunahm. Dann dankte er ab und überließ seinem Sohn Shirakawa den Thron. Diese Maßnahme befreite ihn von der Last der Zeremonien, die fast die ganze Zeit und Energie des amtierenden Kaisers verschlangen; andererseits gestattete sie ihm, im Namen seines Sohnes halbwegs wirksam zu regieren. Ein Jahr nach seinem Rücktritt starb Go Sanjo. Sein Sohn herrschte noch eine Zeitlang, dann dankte er ebenfalls ab und wurde Mönch.

Dieses Kuriosum, daß ein Herrscher, der offiziell abgedankt hatte, weiter regierte, charakterisierte das Ende der Heian-Zeit. Die Titularkaiser und sein Hof beschäftigten sich mit vielfältigen religiösen Ritualen, während der ehemalige Kaiser von seinem privaten Wohnsitz aus regierte. Mittlerweile nahmen Unordnung und Verwirrung weiter zu. Manchmal stritten mehrere ehemalige Kaiser um die Macht, und je chaotischer die Zustände in der Zentralregierung wurden, desto grimmiger stritten die Minamoto, die Taira und andere Kriegersippen um Macht, Reichtum und Prestige.

Aufruhr und Streitigkeiten breiteten sich über ganz Japan aus, immer mehr Land fiel in die Hände der Provinzbarone; die Einkünfte, die dem Hof und den «in den Wolken Lebenden» drei Jahrhunderte der Eleganz ermöglicht hatten, gingen drastisch zurück. Um die Mitte des 12. Jahrhunderts hatte das gesellschaftliche Leben in der Hauptstadt seinen Glanz verloren, und das Goldene Heian-Zeitalter wich einer dunklen, vom «Klirren der Waffen» erfüllten Epoche.

3. Der Aufstieg der Samurai

Einer schwarzen, die Sonne verdunkelnden Wolke gleich folgte auf das Goldene Heian-Zeitalter eine Periode des Blutvergießens und nahezu ununterbrochener Kriege. Feiner Kunstsinn und Eleganz blieben zwar am kaiserlichen Hof das Ideal, aber rings um ihn herum herrschte brutale Gewalttätigkeit, die zeitweise auch die Heiterkeit des Hofes selbst erschütterte. Jetzt gewannen Waffengänge Vorrang gegenüber Dichterwettstreiten und Ausflügen zum «Kuckuck-Betrachten», und ein neuer Menschenschlag — berittene und gerüstete Krieger — betrat waffenklirrend die Szenerie und nahm die Stelle der eleganten Höflinge früherer Zeiten ein.

Der Aufstieg dieser Krieger hatte im 11. Jahrhundert begonnen, als sich die Macht der Zentralregierung allmählich abschwächte. Die Fujiwara-Minister hatten zwar versucht, ihren Einfluß zu wahren, indem sie sich mit mächtigen Militärgruppen, besonders den Sippen der Minamoto und der Taira, verbündeten, jedoch entbrannte der Konflikt zwischen diesen beiden ehrgeizigen Gruppen um die Mitte des 12. Jahrhunderts immer heftiger. Der Kriegeradel gewann die Oberhand, und noch bevor das 12. Jahrhundert zu Ende gegangen war, hatte er Japan ein System der Militärherrschaft aufgezwungen, das ungefähr siebenhundert Jahre andauern sollte.

Ein einleuchtendes Datum für den Anbruch der militaristischen Feudalzeit Japans ist das Jahr 1156. In diesem Jahr überrannte der Krieg zwischen den Allianzen der Minamoto und der Taira zum erstenmal die unbefestigte und unbewaffnete Hauptstadt, die nun Kyoto genannt wurde. Aber die Kräfte, die zum Krieg führten und zur Ausbildung des Feudalismus beitrugen, waren bereits seit langem spürbar gewesen. Bereits im Jahre 946, in den besten Zeiten der Fujiwara-Herrschaft, hatte ein Beamter berichtet: «Viele machen gesetzeswidrigen Gebrauch von Macht und Autorität; sie verbünden sich, üben sich täglich im Gebrauch von Waffen, sammeln und besolden Männer unter dem Vorwand der Jagd, bedrohen Distriktgouverneure, plündern die einfachen Leute aus, tun ihren Frauen und Töchtern Gewalt an, stehlen ihre Lasttiere, benutzen sie für ihre eigenen Zwecke und stören so die landwirtschaftliche Arbeit.» Er empfahl, «Leute, die an der Spitze von Gruppen, die mit Pfeilen und Bogen bewaffnet sind, in eine Provinz eindringen, als gewöhnliche Banditen festzunehmen und ins Gefängnis zu werfen».

Ein berittener Samurai in voller Rüstung, mit Bogen und Pfeilen bewaffnet (12. Jahrhundert)

Wenn ein solcher Befehl überhaupt erlassen wurde, so wurde er doch nie durchgesetzt, und je mehr die Tatkraft der Zentralregierung schwand, desto spürbarer wurde die Unordnung in den Provinzen. Die Landbesitzer konnten sich nicht mehr darauf verlassen, daß kaiserliche Beamte sie vor Gesetzesbrechern oder räuberischen Nachbarn schützten; also bewaffneten sie ihre Söhne und Gefolgsleute und wählten Anführer, deren kriegerische Fähigkeiten berühmt waren.

Zu Beginn des 12. Jahrhunderts gab es viele bewaffnete Gruppen dieser Art, aber sie blieben klein und auf ihren Wohnsitz beschränkt; Macht und Intrigen der Fujiwara, die von der Hauptstadt ausgingen, hinderten sie daran, groß genug zu werden, um die Zentralregierung zu bedrohen. Aber der gewalttätige Trend jener Zeit duldete keine kleinen Gruppen; wenn sie sich nicht zu mächtigen Allianzen zusammenschlossen, wurden sie fast ausnahmslos unterworfen und ausgeplündert. Um zusätzliche Macht zu gewinnen, schlossen sich die Anführer kleiner Regionalarmeen zusammen und boten mächtigeren Herren ihre Dienste an. Als Gegenleistung versprachen die Herren, die kleineren Heerführer und ihre Gefolgsleute zu beschützen und jede Beute, die ihnen in die Hände fiel, mit ihnen zu teilen. Die Herren wierderum versprachen noch höheren Adligen, die alten und mächtigen Familien angehörten oder es zumindest behaupteten, ihre Hilfe. Diese schrittweise Verpflichtung zur Treue hatte eine auffallende Ähnlichkeit mit den feudalen Bindungen, die sich in Europa während der Jahrhunderte politischer Wirren nach dem Sturz des Römischen Reichs entwickelten. Und wie im mittelalterlichen Europa bildeten diese Bindungen in Japan die Grundlage eines unbeholfenen, aber kraftvollen Systems, mit dessen Hilfe sich in unruhigen Zeiten eine Art Ordnung erzwingen ließ.

Als das Heian-Zeitalter sich seinem Ende zuneigte, hatten sich die meisten Krieger und Landbesitzer, häufig über mehrere Stufen feudaler Abhängigkeit, mit den zwei führenden Militärfamilien, den Minamoto und den Taira, verbündet. Diese Familien standen im Rang unter dem Hofadel, obwohl beide behaupteten, von früheren Kaisern abzustammen. In beiden Sippen gab es zahlreiche Nebenzweige, von denen einige untereinander erbittert um Macht und Landbesitz stritten und nur zu leicht geneigt waren, auf die andere Seite überzuwechseln. Beide hatten eingesessene Agenten in den seit langem besiedelten Gebieten Japans, und Zweige beider Familien waren an der Ausweitung der Grenzen im Norden und Osten von Hondo beteiligt. Mancherorts lagen die Besitzungen der Minamoto und der Taira nebeneinander, zwischen ihnen die Ländereien kleinerer Sippen, die der einen oder anderen Partei Treue geschworen hatten.

«Jemand, der dient» = Samurai. Hand in Hand mit dem Wachstum eines feudalen Systems, das auf persönlicher und familiärer Loyalität beruhte, entwickelte sich die berühmteste Kaste Japans: die der Samurai oder

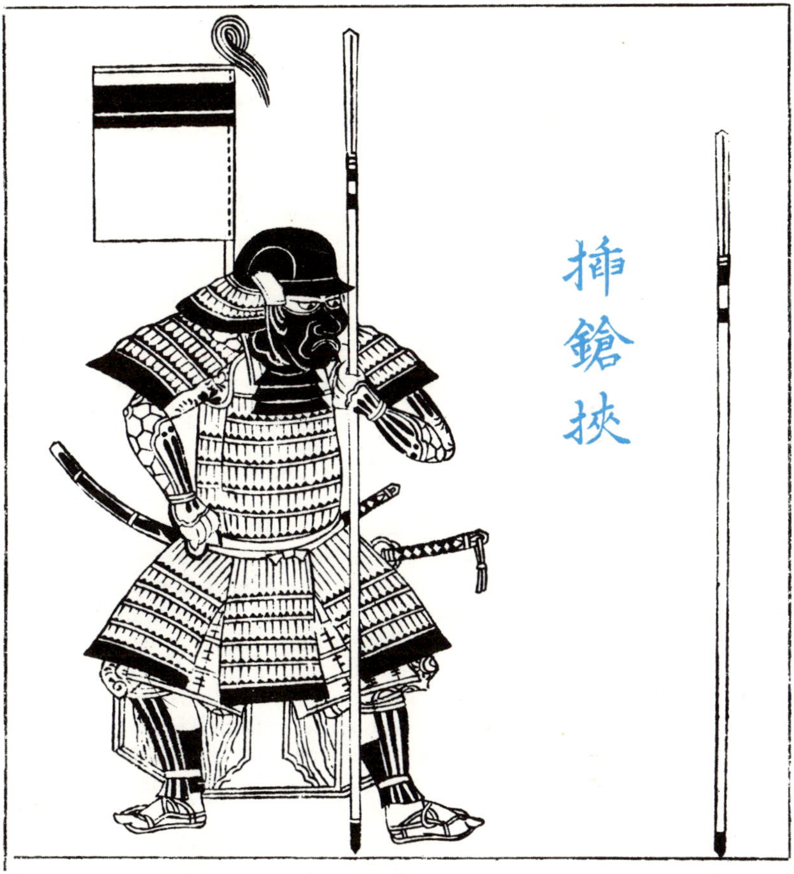

Die Bürgerkriege, die im 12. Jahrhundert in ganz Japan ausbrachen, eröffneten ein Zeitalter des Kampfes. Männer aus allen Teilen Japans schlossen sich den kriegerischen Sippen der Taira und der Minamoto an, die um die Macht im Land kämpften. Der Aufstieg einer Gruppe bewaffneter Adliger, der Samurai, begann. Handwerker widmeten ihre Kunstfertigkeit der Herstellung kostbarer Schwerter und Rüstungen. So wie der Samurai auf dem Bild oben, einer Illustration aus einem Waffenhandbuch der Feudalzeit, hatte Japan sich gerüstet.

Doch Schwert und Panzerrock allein genügten nicht, um einen Samurai zum Kampf zu rüsten. Dazu kam ein ungeschriebenes Gesetz, das persönlichen Mut und persönliche Loyalität forderte, ähnlich den Regeln der Lehnstreue im mittelalterlichen Europa. Dieses Gesetz des Krieges, «bushido» genannt, verlangte vom einzelnen eine fast religiöse Hingabe an ein kämpferisches Leben, in dem äußerliche Härten an der Tagesordnung waren und ein heldenhafter Tod in einer offenen Feldschlacht das ehrenvollste Ziel war.

kriegerischen Herren. Samurai bedeutet «jemand, der dient»; die Samurai waren Soldaten, die einem Anführer dienten. Einige waren reicher als die anderen, aber sie alle waren, ohne Rücksicht auf ihre wirtschaftliche Lage, theoretisch durch einen Kodex gebunden, der absolute Loyalität gegenüber ihren unmittelbaren Vorgesetzten in der feudalen Hierarchie verlangte. Nichts sollte diese Hingabe stören, weder die Liebe zu Frau und Kindern noch die Pflichten gegenüber den Eltern. Am allerwenigsten sollte die Angst vor dem Tode die Treue eines Mannes zu seinem Feudalherrn beeinträchtigen. In einer japanischen Geschichte aus dem 12. Jahrhundert faßt ein adliger Krieger die absolute Todesverachtung des Samurai in Worte: « . . . Ich gab meinem Pferd an einem drohenden Abgrund die Sporen, ohne im Angesicht des Feindes an den Tod zu denken. Ich stellte mich den Gefahren des Windes und der Wellen und dachte nicht daran, daß mein Körper auf den Grund des Meeres versinken und von den Ungeheuern der Tiefe verschlungen werden könnte. Mein Kopfkissen war meine Rüstung, die Führung der Waffen mein Beruf . . . »

Die reicheren Samurai fochten zu Pferde; sie trugen Helme und eine flexible Rüstung, die aus schmalen, von Schnüren oder Riemen zusammengehaltenen Stahlstreifen bestand. Äußerlich ähnelten diese grimmigen, gewalttätigen adligen Reiter den Rittern des europäischen Mittelalters; doch abgesehen von der Treue zu ihren Vorgesetzten, waren die Prinzipien, denen sie folgten, völlig anderer Art. Für das Ideal der Ritterlichkeit und der Verherrlichung der Frau, die dem europäischen Rittertum zugrunde lagen, gab es bei den Samurai keine Entsprechung. Auch die religiöse Inbrunst der europäischen Ritter war bei den Samurai unbekannt; wenn sich ein Samurai in die Schlacht stürzte, war er kein Kreuzritter, dessen Kriegsruf die Hilfe des Himmels beschwor. Statt dessen versuchte er bei seinen Feinden Entsetzen hervorzurufen, indem er seine eigene Tapferkeit rühmte und die Namen seiner Vorfahren verkündete.

Mit der Zeit entwickelte diese Kriegerkaste Eigenschaften, in denen sie sich von der übrigen Bevölkerung gründlich unterschied. Keinem Menschen, der unterhalb des Ranges der Samurai stand, war es — zumindest in der Theorie — erlaubt, die besten Waffen des japanischen Kriegswesens zu tragen, die langen, beidhändig gebrauchten Schwerter, die fast wie Reliquien verehrt wurden. Die Mystik des Samuraiwesens sollte sich erst um die Mitte des 12. Jahrhunderts voll ausbilden, als sich der Machtkampf zwischen den Parteien der Minamoto und der Taira seinem Höhepunkt näherte; die Tradition der persönlichen Loyalität jedoch hatte sich schon vorher entwickelt. Sie schuf eine Hierarchie der Macht, die vom einzelnen Krieger über Unteranführer und Adelsherren bis zu den Minamoto und den Taira führte. Aus den Familienräten dieser beiden Sippen erwuchsen Körperschaften, die Gesetze erließen und durchsetzten.

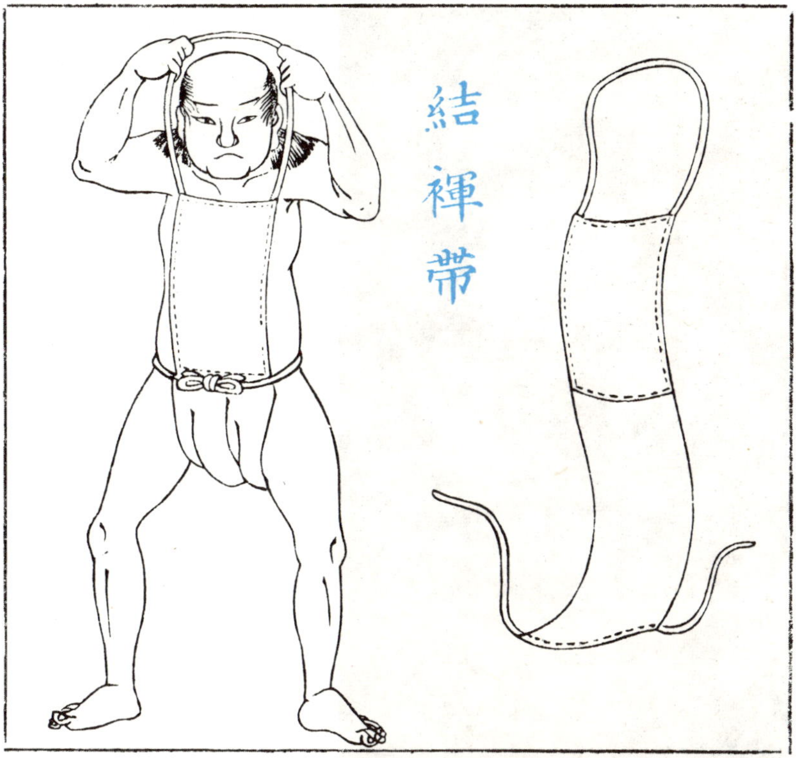

Ein Lendentuch, das auch die Brust bedeckte, war das erste Stück der Unterbekleidung, die der Samurai anlegen mußte.

Die erste Pflicht eines Samurai war der Schlachtentod im Dienst seines Herrn. «Wenn du daran denkst, dein Leben zu retten», soll ein legendärer Held gesagt haben, «so ziehe lieber nicht erst in den Krieg.» Nichtsdestoweniger waren die japanischen Krieger vorsichtig genug, eine komplizierte, aber außerordentlich zweckmäßige Rüstung anzulegen, um sich gegen die gegnerischen Schwerthiebe zu schützen.

Das Anlegen einer solchen Rüstung war zeitraubend. Die hier gezeigten Schritte bestanden darin, daß der Samurai in verschiedene Unterkleider schlüpfte: ein besonderes Lendentuch gehörte dazu, dann ein Kimono aus feinem Leinen oder Brokat und eine weite Hose. Diese Kleidungsstücke dienten als Polster für die eigentliche Rüstung.

Ebenso wichtig für die Verteidigung des Samurai war seine Fechtkunst, ausgebildet in Jahren eines Trainings, das sowohl auf körperliche Kräftigung wie auf eine Stärkung des Charakters abzielte. Künftige Samurai gingen bei Meistern der Fechtkunst und des Bogenschießens in die Lehre. Die Härten der Ausbildung mußten ohne ein Wort der Klage ertragen werden; für einen Samurai war es zum Beispiel «eine Schande, Hunger zu verspüren, wenn sein Magen leer ist». *(Fortsetzung S. 58)*

Brokat, mit einem Muster durchwirkt, war das besondere Material eines Waffenrocks, der wahrscheinlich im 14. Jahrhundert für einen kaiserlichen Prinzen angefertigt wurde.

Taira kontra Minamoto. Eine Übereinkunft zwischen den Taira und den Minamoto – vielleicht durch eine Reihe von Heiraten besiegelt – hätte dem ganzen Land den Frieden bringen können; doch eine solche Entspannungspolitik hätte dem kriegerischen Zeitgeist, der den Kampf bis zum bitteren Ende propagierte, kaum entsprochen. Es gab keine patriotischen Gefühle, die den Parteien nahegelegt hätten, im Interesse der Nation Frieden zu schließen. Abgesehen von der unbestimmten, halbreligiösen Bindung, die alle Japaner gegenüber der kaiserlichen Familie empfanden, existierte noch keine Vorstellung von Japan als einer Nation.

Ein Kimono mit kurzen Ärmeln, auch Waffenrock genannt, wurde mit einem besonderen Knoten um die Taille gegürtet. *(Fortsetzung S. 60)*

Von den beiden großen Kriegsparteien gewannen zunächst die Minamoto einen starken Einfluß auf den Hof; nach dem Sturz der Fujiwara zog die Familie nach Kyoto und sicherte sich viele hohe Stellungen. Dieser Aufstieg zur Macht erbitterte die Taira, und sie versuchten, die Minamoto durch andauernde Angriffe und Intrigen aus der Hauptstadt zu vertreiben. Im Jahre 1156 brach in Kyoto selbst zwischen den rivalisierenden Familien offener Krieg aus; die Stadt, die länger als 300 Jahre eine Freistatt der Kultur und Eleganz gewesen war, wurde zum Schauplatz von Gewalt und Zerstörung. Samurai und einfache Soldaten beider Seiten brannten Paläste nieder und ermordeten ihre Bewohner. Die meisten Gefangenen wurden hingerichtet, in der Regel enthauptet, obwohl wegen des Nachdrucks, den die Buddhi-

Eine weite Hose, die über dem Kimono getragen wurde, beließ den Beinen des Kriegers die nötige Bewegungsfreiheit.

sten auf die Gewaltlosigkeit legten, die Todesstrafe bei Hofe bereits seit langem abgeschafft worden war. Schon zu Beginn des Kampfes geriet der Anführer der Familie Minamoto in Gefangenschaft; er wurde zum Tode verurteilt, und sein eigener Sohn erhielt den Befehl, ihn zu töten. Der Sohn weigerte sich; daraufhin vollbrachte ein Offizier der Minamoto die Tat, um sie nicht einem der verhaßten Taira zu überlassen. Anschließend beging er Selbstmord.

Die Literatur jener Zeit ist reich an grausigen Schilderungen der Kämpfe zwischen beiden Parteien. Eine Geschichte beschreibt den Überfall der Minamoto auf den Palast eines ehemaligen Kaisers, der mit den Taira verbündet war: «Flammen prasselten gen Himmel, und ein gewaltiger Wind

Kräftige Beinschienen aus Leder waren mit eisernen Bändern verstärkt, um vor Hieben von vorn zu schützen. (Fortsetzung S. 63)

ließ die Rauchwolken hoch aufsteigen. Die Adligen, die Höflinge und selbst die Hofdamen in den Frauenhäusern wurden niedergehauen ... Stürzten sie herarus, um nicht im Feuer umzukommen, so wurden sie von Pfeilen getroffen. Diejenigen, die Angst vor den Pfeilen hatten und die Flammen fürchteten, sprangen sogar in großer Zahl in die Brunnen; auch sie starben – die untersten ertranken in kürzester Zeit, die in der Mitte wurden von den anderen erdrückt, die zuoberst kamen in den Flammen um.»

Aus solchen Orgien des Blutvergießens und der Brandschatzung gingen die Taira als Sieger hervor. Im Jahre 1160 bemächtigte sich Kiyomori, der Führer der Taira, der Gewalt über die kaiserliche Familie und die Zentralregierung. Die Überlebenden der Minamoto flüchteten zumeist in die Ostprovinzen — und warteten dort auf die nächste Runde des Krieges.

Kiyomori war ein geschickter Politiker; er verstand es besser, als man von einem Krieger erwarten würde, den verworrenen Mechanismus der alten Regierung zu manipulieren. Er nahm am gesellschaftlichen Leben der Hauptstadt, das auch jetzt noch fast so leichtfertig war wie während der Heian-Zeit, regen Anteil und freundete sich mit den Mitgliedern der Fujiwara-Familie an, die noch immer zahlreiche Hofämter besetzt hielten. Er verheiratete sogar seine Tochter in die kaiserliche Familie; der Kaiser Antoku, der im Jahre 1180 im Alter von zwei Jahren den Thron bestieg, war sein Enkel. Offenbar war es Kiyomoris Ziel, die kaiserliche Familie mit den Taira zu verschmelzen, damit die Taira wie einst die Fujiwara im Namen des Kaisers regieren konnten.

Diese Politik scheiterte, weil sie eine tote Vergangenheit kopierte und die Ohnmacht der Hauptstadt in dieser neuen, von Kriegern geprägten Zeit nicht erkannte. In der zweiten Hälfte des 12. Jahrhunderts war der kaiserliche Hof kaum mehr als ein Symbol. Die einzige Realität war bewaffnete Macht, und sie lag in den Händen der grimmigen, über ganz Japan verbreiteten Kriegerfamilien. Weil Kiyomori und andere Führer der Taira den Fehler machten, sich in Kyoto niederzulassen und sich den Freuden des Hoflebens zu widmen, verloren sie den Kontakt mit den Provinzbaronen. Obwohl sie manchen beherzten Versuch dazu unternahmen, waren die Taira und ihre Nachfolger nie in der Lage, Heere aufzustellen, die stark genug waren, um die östlichen Provinzen zu unterwerfen. Gerade dort aber sammelten sich die Überlebenden der Minamoto-Sippe und bereiteten sich auf eine blutige Rückkehr vor.

Im Jahre 1180 schlugen die Minamoto zu — unter der Führung Yoritomos, der sich später als einer der größten Staatsmänner Japans erweisen sollte. Eine Orgie von Mord und Totschlag verwüstete das Land. Selbst nach dem Tode Kiyomoris im Jahre 1181 ging der Krieg weiter.

Im Jahre 1183 bedrohten zwei Heere der Minamoto die Taira in Kyoto. Die demoralisierten Taira verließen im Spätsommer die Hauptstadt und zogen sich mit dem kaiserlichen Kind Antoku nach Westen zurück. Bei ihrem Rückzug blieb ihnen jedoch die Unterstützung des ehemaligen Kaisers Go Shirakawa versagt, der, obwohl offiziell nicht mehr im Amt, die Regierung in Antokus Namen weitergeführt hatte. Er ging zu den Minamoto über und ermutigte ihre Anführer, die Taira als Rebellen zu verfolgen und zu bestrafen. Dieser kaiserliche Segen aus dem Munde eines Abkömmlings der Sonnengöttin hatte bedeutsame Resultate: obwohl Go Shirakawa nicht über wirkliche Macht verfügte, schlossen sich viele bisher noch unentschlossene Kriegsführer der Partei der Minamoto an, weil die Unterstützung durch den ehemaligen Kaiser ihrer Sache einen Anstrich der Rechtmäßigkeit verlieh.

Abnehmbare Schenkelpanzer, die der Samurai zu Pferde trug, wurden beiseite gelegt, wenn es schnell zu laufen galt.

Trotz aller Härte, mit der ein Samurai geschult wurde, beruhte seine Kampfesweise auf dem Prinzip bewußt angewandter «Nachgiebigkeit». Diese Technik ähnelte in gewisser Hinsicht der des modernen «Jiu-Jitsu» (wörtlich übersetzt: «die sanfte Kunst»), bei der gleichfalls der geschickte Einsatz körperlicher Geschmeidigkeit der brutalen Kraft überlegen ist.

Das gleiche Prinzip bestimmte die Konstruktion japanischer Rüstungen, die ihren Träger nicht durch ihre Masse, sondern durch ihre Elastizität schützten. Anders als europäische Rüstungen mit ihren massiven Stahlplatten, bestand die Rüstung des Japaners aus winzigen, lackierten Stahlstreifen, die mit seidenen Kordeln zusammengeflochten wurden. Das Resultat war ein Metallgewebe, ebenso beweglich wie die europäischen Kettenpanzer, aber wesentlich widerstandsfähiger.

Von der Elastizität abgesehen, hatte die japanische Rüstung noch einen weiteren Vorteil: sie wog nur ungefähr 25 Pfund; ihr Träger konnte leichtfüßig über Reisfelder stürmen oder Burgwälle erklimmen. Dazu kam, daß die Rüstung, wenn sie nicht gebraucht wurde, ohne weiteres zusammengefaltet und in einer handlichen Kiste verpackt werden konnte; war sie beschädigt, so brauchte man nur neue Lamellen einzuflechten. *(Fortsetzung S. 64)*

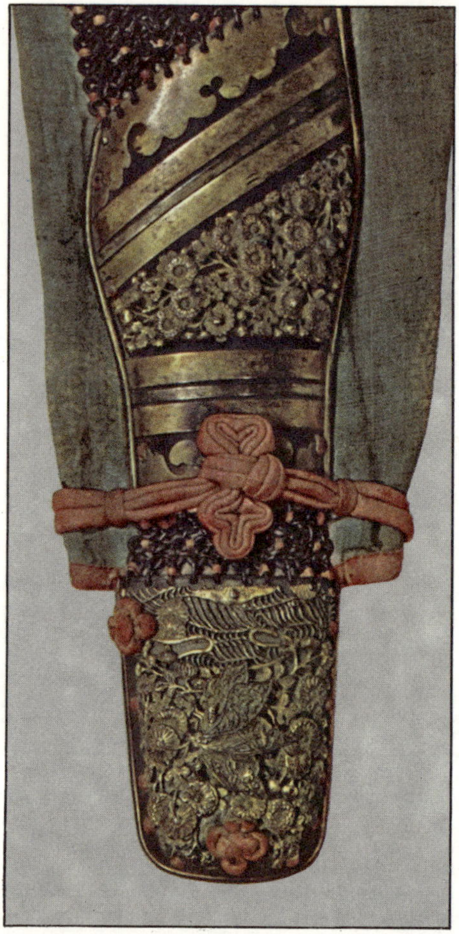

Der Ärmel eines Kriegsherrn: dieses ziselierte, vergoldete Waffenstück soll von einem Anführer der Minamoto-Sippe, einer der bedeutendsten Kriegerfamilien des 12. Jahrhunderts, getragen worden sein.

In einer großen Seeschlacht im Jahre 1185 wurden die Taira endgültig geschlagen. Der Kaiser Antoku, damals sieben oder acht Jahre alt, ertrank mit dem größten Teil seines Gefolges. Der verheerende fünfjährige Krieg war vorüber, und aus ihm erwuchs die stärkste Regierung, die das Land bis dahin gehabt hatte.

Yoritomo, der Führer der Minamoto, sah in den feudalen Loyalitätsregeln der Samurai eine Basis, im ganzen Land eine Militärdiktatur zu errichten. Bevor er seinen Plan durchführen konnte, mußte er viele Rivalen

Metallbeschlagene Ärmel bestanden aus Kettengeflecht japanischer Machart und auf Tuch genähten Eisenstreifen. *(Fortsetzung S. 67)*

in seiner eigenen Partei ausschalten, darunter auch seinen Bruder, der einer seiner besten Feldherren war. Nachdem er sich nach und nach seiner ehrgeizigen Mitbewerber entledigt hatte, beruhigte sich das Land allmählich, und Yorimoto begann, die Fundamente seiner Herrschaft zu legen. Der ehemalige Kaiser Go Shirakawa (der jetzt im Namen des Kindes regierte, das Antoku auf den Thron gefolgt war) autorisierte ihn, Statthalter und Verwalter in den Provinzen zu ernennen. Diese nur sehr zögernd gewährte Befugnis war der Grundstein des neuen Regierungssystems. Statthalter waren die örtlichen Militärkommandanten; indem Yorimoto seinen bevorzugten Anhängern diese Posten verlieh, tat er einen großen Schritt zur Sicherung der militärischen Herrschaft in den Provinzen. Die Verwalter übernahmen den Grundbesitz; im Laufe der Zeit wurden sie häufig zu Besitzern dieser Ländereien. Durch die wohldurchdachte Ernennung von Verwaltern gelangten Yoritomo und seine Vasallen allmählich in den Besitz großer Teile von Japans fruchtbarstem Land.

Eine neue Hauptstadt. Den Sturz der Taira als schlechtes Beispiel vor Augen, vermied Yoritomo den Fehler, sich in Kyoto niederzulassen, wo er und seine zähen Soldaten den verweichlichenden Einflüssen des Hofes ausgesetzt gewesen wären. Statt dessen wählte er die kleine Stadt Kamakura nahe der Bucht von Tokio als Hauptquartier; die Minamoto unterhielten dort einen Schrein des Kriegsgottes Hachiman. Experten aus Kyoto halfen ihnen, dort etwas aufzubauen, das ungefähr einer Privatregierung mit einer kleinen, aber tatkräftigen Bürokratie entsprach. Er leitete sie selbst als *Seii-taishogun* (barbarenunterdrückender Oberbefehlshaber) – ein Titel, den ihm der Kaiser verliehen hatte. Ihm unterstanden unmittelbar ein Verwaltungsrat, mehrere Gerichtshöfe und ein alle anderen an Bedeutung übertreffendes, *samurai-dokoro* genanntes Büro. Die ursprüngliche Bedeutung dieses Namens war «Dienstraum», ein Ort, an dem die Bediensteten eines Edelmannes warteten; danach bezeichnete es das Wachlokal für bewaffnete Gefolgsleute. Unter Yoritomo wurde es zu einer Behörde, die für alle Angelegenheiten der Krieger zuständig war, Pflichten und Privilegien zuteilte, Beförderungen und Belohnungen vorschlug, Strafen bestimmte und sogar die Familie und das persönliche Verhalten der Soldaten überwachte. Da die feudalen Krieger Japans die einzige Klasse bildeten, auf die es wirklich ankam, war es die wichtigste Aufgabe der Staatskunst, dafür zu sorgen, daß sie stark, geordnet, zufrieden und dem Regime treu ergeben blieben. Das *samurai-dokoro* war also mehr als nur ein zentrales Heeresbüro; es war eine Quelle der Macht.

Obwohl nun die stärkste Autorität in Japan, galten der Shogun und seiner Verwaltungsbeamten nicht als offizielle Regierung des Landes. Diese Funktion übte theoretisch noch immer der kaiserliche Hof in Kyoto mit seinen Beamten aus, und Yoritomo war darauf bedacht, ihnen diese Illusion zu lassen. Jeder, der mit der Regierung zu tun hatte, lernte schnell, daß die eigentliche Macht vom *Bakufu*, dem Hauptquartier des Shogun in Kamakura, ausging. Seine Richter entschieden Rechtsstreitigkeiten ehrlicher und gerechter, als der Hof des Kaisers es je getan hatte. Die Beamten des *Bakufu* ernannten Provinzstatthalter und überwachten öffentliche Arbeiten wie Hafenbau, Landgewinnung und Bewässerungsanlagen. Brachen zwischen den Feudalherren oder ihren Samurai Streitigkeiten aus, so hatte das *samurai-dokoro* sie gewöhnlich schon beigelegt, bevor Blut floß.

Die Regierung Yoritomos war nicht immer friedlich; seine Generäle schlugen viele Schlachten gegen widerspenstige Barone, vorwiegend in den entfernteren Teilen des Landes. Die Generäle erfochten einen Sieg nach

Der Leibpanzer wurde aus Eisenlamellen gefertigt; Rockklappen aus dem gleichen Material schützten die Hüften. *(Fortsetzung S. 68)*

dem anderen, und Yoritomo teilte den Grundbesitz der Geschlagenen unter seinen treuen Vasallen auf. Er starb im Jahre 1199; seine beiden Söhne, die ihm nacheinander im Amt folgten, besaßen seine Fähigkeiten nicht. Die von ihm geschaffene Regierungsform hätte kaum Bestand gehabt, wäre nicht seine willensstarke Witwe Masa-ko gewesen. Diese außergewöhnliche Frau hatte schon als junges Mädchen gezeigt, von welcher Art sie war: an dem Tage, an dem sie einen anderen Mann heiraten sollte, ließ sie sich von Yoritomo entführen. Nach dem Tode ihres Mannes intrigierte sie so gewandt, daß die Angehörigen der Familie ihres Vaters, der Hojo, schließlich Regenten wurden, die das Amt des Shoguns vollständig beherrschten.

Ein vielfarbiges Geflecht aus Seidenlitze bedeckte die äußere Oberfläche (oberes Bild) einer japanischen Rüstung. Die Litze hielt, wie auf der Innenseite (unten) zu sehen, die Eisenlamellen.

Über ein Jahrhundert lang blieb Japan unter der Herrschaft der Hojo; der Shogun war nur noch eine Galionsfigur. Die Regierung des Landes war zu jener Zeit ein überaus komplizierter Irrgarten. Dem Namen nach herrschte der Kaiser in Kyoto, aber seine Macht – wenn es dergleichen überhaupt gab – wurde praktisch von einem ehemaligen Kaiser, gewöhnlich seinem Vater, ausgeübt. Der ehemalige Kaiser wiederum delegierte die Regierungsgewalt an den Shogun in Kamakura, und der Shogun stand unter dem Einfluß eines Hojo-Regenten.

Breite Schulterklappen aus Lamellengeflecht hingen wie gewaltige Epauletten über der Schulterpartie des Leibpanzers. *(Fortsetzung S. 71)*

Fast während des ganzen 13. Jahrhunderts war Japan unter der starken Herrschaft der Hojo-Regenten, die für jene Zeit bemerkenswert milde war, ein gedeihendes und friedliches Land. Die Bevölkerung wuchs; Ortschaften wurden zu Städten; der Handel mit China nahm zu und brachte Reichtum und neues Gedankengut nach Japan. Um die Mitte des Jahrhunderts hatte sich auch der Ehrenkodex der Samurai von einfacher feudaler Loyalität zu einem mächtigen ethischen Gesetz entwickelt, das noch heute Einfluß hat, und ein großer Teil der Kriegsausrüstung, die über Jahrhunderte hinweg den Samurai kennzeichnete, war in Gebrauch gekommen.

Doch gerade nachdem das Militärregime innerhalb Japans Ordnung geschaffen hatte, zogen in Übersee Schwierigkeiten herauf, die die Kaste der

Samurai auf ihre schwerste Probe stellen sollten. Zu Beginn des 13. Jahrhunderts begannen grausame, gewalttätige Mongolen aus Zentralasien einen Eroberungsfeldzug, der die meisten asiatischen Länder und schließlich auch einen großen Teil Osteuropas in Schrecken versetzte. Mit zunehmender Besorgnis beobachteten die Japaner, wie Mongolenheere unter der Führung Dschingis Khans und seiner Nachkommen China überrannten. Als auch Korea in die Hände der Eroberer fiel, wußten sie, daß ein Angriff auf Japan bevorstand.

Im Jahre 1268 schickte der Großkhan der Mongolen, Dschingis Khans Enkel Kublai Khan, dem «König von Japan» eine Botschaft, in der er ihn als «Herrscher eines kleinen Landes» bezeichnete. Er wies darauf hin, daß ein freundschaftliches Verhältnis zu China wünschenswert sei, und deutete diplomatisch an, daß das Fehlen eines solchen Verhältnisses zum Kriege führen könne. Die Hojo-Regierung in Kamakura begriff, daß dies eine verhüllte Drohung war; ihr war jedoch nicht nach Nachgeben zumute. Sie schickte den mongolischen Gesandten ohne Antwort nach China zurück und behandelte spätere Gesandte auf die gleiche, schweigend herausfordernde Art. Eine solche Herausforderung konnte nicht unbeantwortet bleiben; der Hojo-Regent vermutete, daß die erste Attacke vermutlich die Insel Kyushu treffen würde, die ein günstiger Ausgangspunkt für einen Angriff auf die Hauptinsel Hondo war. Er ließ die Küstenwachen verstärken und ermahnte die Krieger auf Kyushu zur Wachsamkeit. Inzwischen beobachteten seine Kundschafter Korea – ein Invasionsheer würde höchstwahrscheinlich von dort kommen.

Mongolische Invasoren. Die Mongolen waren Reiter aus Zentralasien und verstanden nichts von der Seefahrt, aber sie zwangen die Koreaner, eine große Flotte von etwa 450 Schiffen zu bauen und zu bemannen. Im November 1274 kreuzte die Armada mit ungefähr 15 000 mongolischen Kriegern in die stürmische Korea-Straße hinaus und nahm die kleinen Inseln Tsushima und Iki, deren japanische Besatzungen bis zum letzten Mann aufgerieben wurden. Danach stach die Flotte wieder in See und landete in der Hakozaki-Bucht im Norden der Insel Kyushu.

Die ortsansässigen Samurai stürzten sich in den Kampf. Sie wußten, daß große, vom *Bakufa* ausgesandte Heere unterwegs waren, aber sie warteten die Verstärkung nicht ab und warfen sich mit Todesverachtung den gefürchteten Mongolen entgegen, die von zeitgenössischen japanischen Künstlern als zottige Untermenschen dargestellt wurden. Die Samurai hatten den Vorteil, auf heimischem Grund und Boden zu kämpfen; in jeder anderen Hinsicht befanden sie sich jedoch erheblich im Nachteil. Sie hatten noch nie einem äußeren Feind gegenübergestanden und in ihren Bürgerkriegen kaum jemals in Formationen gekämpft. Krieger hohen Ranges fochten mit ihren gleichrangigen Gegnern, gewöhnlich im formellen Zweikampf. Die Mongo-

Ein eiserner Kragen mit metallenem Latz, der zusätzlichen Schutz verlieh, bewahrte den Träger vor Enthauptung.

Im Einzelkampf Mann gegen Mann, der für die Schlacht nach japanischen Begriffen charakteristisch war, erbeuteten die Samurai manchmal als Trophäen die Köpfe ihrer Gegner. Diese «Sitte» veranlaßte die Soldaten, Kopf und Hals besonders sorgsam zu schützen, um sich nicht der Gefahr der Enthauptung auszusetzen.

Zusätzlich zu einem Helm aus genietetem Eisen benutzten die Samurai-Krieger einen besonderen Genickschutz und eine metallene Maske. Die Maske zeigte gewöhnlich Gesichtszüge von brutalster Wildheit, die den Gegner in Schrecken versetzen sollten.

Ungeachtet ihres furchterregenden Aussehens beachteten die Samurai eine Reihe verbindlichster Höflichkeitsformeln, bevor sie sich mit einem Gegner in den Kampf einließen. Jeder Krieger nannte seinen Namen, die Namen seiner Ahnen und seine bisherigen Heldentaten. War der Zweikampf zu Ende, so kam es oft vor, daß der siegreiche Samurai die Tapferkeit seines geschlagenen Gegners voller Anerkennung hervorhob, bevor er ihm den Kopf abhieb. Eine Form kriegerischer Höflichkeit sollte sogar über den Tod hinausreichen: der Samurai verbrannte Weihrauch in seinem Helm, bevor er ihn aufsetzte – damit sein Kopf, selbst wenn er ihn verlor, noch duftete. *(Fortsetzung S. 72)*

Eine Baumwollkappe, aus einem langen Stoffstreifen gewunden, diente als Polster unter dem gewichtigen Helm.

len dagegen waren geschickte Taktiker, die in straffen Formationen kämpften. Ihre mächtigen Armbrüste übertrafen die der Japaner an Reichweite, und sie hatten auch eine Art Artillerie: Katapulte, die brennende und explosive Geschosse abfeuerten. Dieser furchteinflößenden Militärmaschinerie konnten die Japaner nur ihre Tapferkeit entgegensetzen – und ihre kostbaren, todbringenden Schwerter.

Die Schlacht endete unentschieden. Bei Anbruch der Dämmerung zogen sich die Japaner hinter Erdwälle zurück; die koreanischen Seeleute, denen die Wetteraussichten ungünstig erschienen, überredeten die Mongolen, wieder an Bord zu gehen. In der Nacht brach ein Sturm los, versenkte zahlreiche Schiffe und trieb die Überreste der Flotte nach Korea zurück.

Eine grimmige Maske aus lackiertem Eisen, fest genug, um eine Lanzenspitze zu verbiegen, bedeckte das Gesicht. *(Fortsetzung S. 74)*

Bald nach dieser mißlungenen Invasion schickte Kublai Khan eine weitere Botschaft. Diesmal befahl er dem «König von Japan», in die mongolische Hauptstadt Peking zu kommen und ihm zu huldigen. Das war ein Ultimatum. Der kaiserliche Hof in Kyoto war vor Schreck gelähmt, aber das *Bakufu* in Kamakura wies entschlossen jeden Gedanken an Unterwerfung von sich und unterstrich diese Haltung auf die drastischste Weise: die mongolischen Gesandten wurden geköpft. Das war die äußerste Beleidigung — und zwar gegenüber einem Feind, dessen erobertes Gebiet sich mittlerweile vom Chinesischen Meer bis nach Arabien erstreckte und dessen Reiter bereits bis nach Ungarn vorgedrungen waren.

Die Japaner wußten nur zu gut, daß ein weiterer, noch stärkerer Angriff

Kopfschutz: die aufgenieteten Metallrippen des Helms garantierten Sicherheit. Der Nackenschutz aus Stahlplättchen war an der Seite zurückgeklappt und enthüllte das Familienwappen.

der Mongolen bevorstand; sie rüsteten sich mit einer Einhelligkeit, wie Japan sie noch nie zuvor gezeigt hatte. Die Grundbesitzer auf Kyushu wurden angewiesen, rings um die Bucht von Hakozaki, an deren geschützten Küsten man mit einem abermaligen Angriff rechnete, einen Wall zu errichten, um den Mongolen die Landung zu erschweren. Kleine, wendige Kriegsschiffe, die die unbeholfenen Transportschiffe der Mongolen angreifen sollten, wurden gebaut und Besatzungen für sie ausgebildet. Alle waffenfähigen Männer auf Kyushu wurden erfaßt, so daß man sie sofort zusam-

Ein Helm mit Schirm und einem gepanzerten Nackenschutz vervollständigte die phantastische Rüstung des Samurai.

menrufen konnte, wenn ein Angriff bevorstand, und die Kriegerbarone in ganz Japan wurden aufgefordert, ihre Truppen auf Abruf für eine Schlacht bereitzuhalten. Waffenlager wurden angelegt; der Hof in Kyoto verzichtete auf einen Teil seines Luxus, um Geldmittel für die Verteidigung einzusparen. Selbst Piraten – einige von ihnen waren Samurai, deren Land an die Küste grenzte –, schlossen sich begeistert den Seemanövern der Regierungsflotte an.

Die Atempause dauerte fünf Jahre. Während dieser Zeit waren die mongolischen Eroberer damit beschäftigt, die letzten Widerstandsnester in Südchina auszuräuchern. Dann berichteten japanische Kundschafter von Kriegsvorbereitungen großen Stils. Wieder war den Koreanern befohlen worden,

Die kaiserliche Residenz wechselte viermal in der Geschichte Japans. Die erste Hauptstadt, Nara, wurde 784 aufgegeben. Danach residierte der Kaiser für kurze Zeit in Nagaoka, dann in Heian-kyo (Kyoto). Um 1192 übernahm die Shogune die Verwaltung Japans und regierten von Kamakura und später von Edo aus. Seit 1869 ist Tokio die Residenz des kaiserlichen Hofs und der Sitz der Regierung.

Schiffe zu bauen, diesmal tausend, und ein Mongolenheer von 50 000 Mann marschierte auf die Küste der Korea-Straße zu. Gleichzeitig wurde berichtet, daß in Südchina eine noch größere Flotte zusammengezogen wurde, die ein Heer von 100 000 Mann aufnehmen sollte. Wenn die Kundschafter die Zahlen auch möglicherweise zu hoch schätzten, so besteht doch kaum Zweifel daran, daß dies — von der Gegenwart abgesehen — die gewaltigste Invasion zur See werden sollte, von der die Geschichte zu berichten weiß.

Im Frühsommer 1281 stach die Mongolenflotte von Korea aus in See und nahm, wie zuvor, Kurs auf Kyushu. Die ersten Truppen landeten am 23. Juni an vielen Stellen der Nordküste, darunter auch in der von Wällen umgebenen Bucht von Hakozaki. Bald darauf erreichte auch die von China kommende Flotte Kyushu und setzte das Gros der mongolischen Angriffstruppen weiter im Westen an Land. Mit der für sie charakteristischen Todesverachtung stürzten sich die Japaner in den Kampf. Ihre kleinen Boote richteten großen Schaden an: die Besatzungen enterten die feindlichen Transportschiffe oder steckten sie in Brand. Die stärkste Waffe der Mongolen — das lähmende Entsetzen, das sie in einem Großteil der Welt des 13. Jahr-

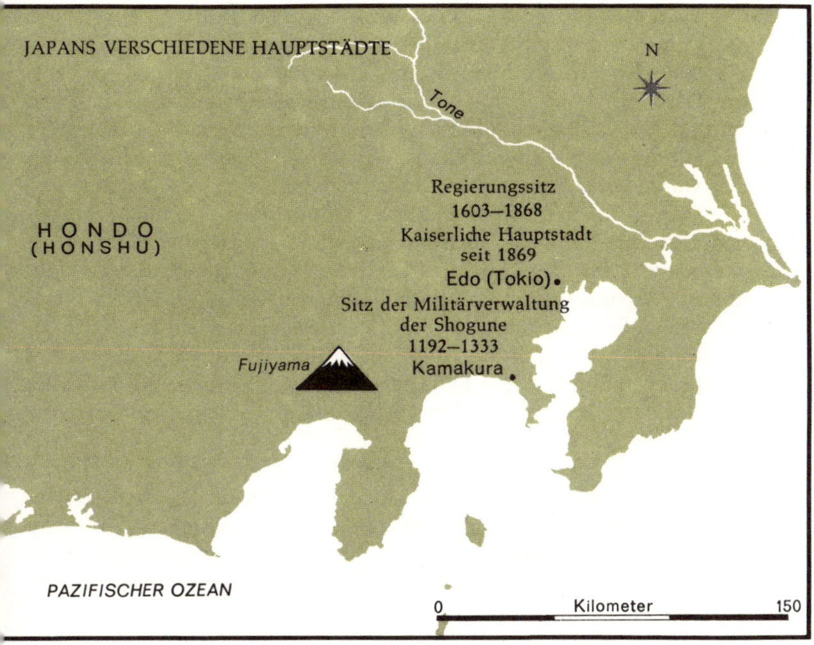

hunderts hervorgerufen hatten – blieb bei den Japanern völlig wirkungslos.

Große Heere strömten dem Schlachtfeld zu; jeder Samurai-Anführer versuchte, als erster einzutreffen. Priester und Mönche in allen Klöstern Japans beteten um den Sieg. Der Kaiser ordnete an, daß in allen shintoistischen und buddhistischen Schreinen und Tempeln Tag und Nacht Gottesdienste abgehalten würden. Sowohl er wie der ehemalige Kaiser schrieben eigenhändige Briefe, in denen sie Hilfe von der Geisterwelt erflehten, und schickten sie zu den Grabmälern ihrer Ahnen. Wer nicht kämpfte oder sich auf den Kampf vorbereitete, betete und rezitierte Beschwörungsformeln, um den Sieg zu sichern.

Der Kampf dauerte über 50 Tage. Die überlieferten Berichte sind so verworren, daß sich nicht sagen läßt, welche Seite die Oberhand gewann. Nachdem die Japaner den Schock über den Angriff überwunden hatten, dürften sie auf lange Sicht im Vorteil gewesen sein. Ihre Heere wurden ständig verstärkt, und den mongolischen Eindringlingen gelang es nicht, von der Küste Kyushus aus ins Binnenland vorzudringen.

Ob die Mongolen letzten Endes gesiegt hätten oder nicht, ist eine Frage, auf die es keine Antwort gibt, denn die Kräfte der Natur – oder die Götter – griffen entscheidend in die Schlacht ein. Ende August standen, wie es in Japan zu dieser Jahreszeit häufig der Fall ist, schwarze Wolken am südlichen Himmel, und ein Taifun tobte über Kyushu hinweg. Zwei Tage lang blies der Wind mit der Gewalt eines Orkans. Als sich der Himmel endlich wieder aufklärte, waren beide Flotten des Feindes zerschellt oder zertrümmert und der Großteil ihrer Besatzungen ertrunken. Mit den noch an Land verbliebenen demoralisierten Mongolen machten die Japaner kurzen Prozeß.

Der Taifun war der *kamikaze*, der «göttliche Wind», dessen rechtzeitiges Eingreifen die Japaner über Jahrhunderte davon überzeugte, daß ihr Land unter dem besonderen Schutz der Götter stand. Als ihnen im 20. Jahrhundert eine weitere Invasion drohte, nannten sich die japanischen Piloten, die ihre mit Sprengstoff beladenen Flugzeuge auf amerikanische Kriegsschiffe stürzen ließen, um ihr Land zu retten, nicht zu Unrecht nach dem seit jener Zeit so berühmt gewordenen Wind.

Die Vertreibung der mongolischen Eroberer war der größte Erfolg der Hojo-Regenten. Nach diesem Höhepunkt gerieten sie in Schwierigkeiten, deren sie schließlich nicht mehr Herr werden konnten. Zwanzig Jahre lang bestand die Drohung eines weiteren Mongolenangriffs; erst nach dem Tode Kublai Khans fühlten sich die Japaner wieder sicher. Der Krieg und die lange Zeit der Wachsamkeit hatten Japan wirtschaftlich erschöpft, und gerade die Beanspruchung der Geldmittel des Landes sollte sich verhängnisvoll auf das *Bakufu*-System der Regierung auswirken.

Ein neues Stadium des Feudalismus. Die feudale Loyalität zwang die einflußreichen Herren, den Befehlen des *Bakufu* Folge zu leisten und ihre Vasallen zu Dienstleistungen und Unterstützungen heranzuziehen. Doch wenn die Hojo-Regenten vor der Mongolen-Invasion solche Befehle erteilten, bestand die Aussicht, daß sie ihre treuen Anhänger mit Land und anderer den im Bürgerkrieg unterlegenen Gegnern abgenommener Beute belohnen würden. Der Sieg über die Mongolen brachte keinerlei Beute ein, und das *Bakufu* selbst konnte für Militärdienste kein Entgelt zahlen, weil es kein Vermögen besaß – in Japan gab es kein die ganze Nation umfassendes Steuersystem. Die meisten Bittsteller, die nun in Scharen nach Kamakura kamen, gingen leer aus, ganz gleich, wie berechtigt ihre Ansprüche auch sein mochten.

Die Verärgerung enttäuschter Krieger schwächte allmählich die Bande der Loyalität, die das Feudalsystem zusammenhielten. Die großen Grundbesitzer, vor allem diejenigen in den weiter entfernten Teilen des Landes, gewannen an Unabhängigkeit. Selbst wenn sie die Regierung offen herausforderten, konnte das *Bakufu* seine Vasallen nur noch selten dazu veranlassen, gegen sie vorzugehen. Überdies ermutigte die schwindende Macht des *Ba-*

kufu den kaiserlichen Hof, seine geheime Machtpolitik wieder aufzunehmen. Für seine subtilen Intrigen fand er willige Komplicen. Nach langen Auseinandersetzungen über die Thronfolge bestieg im Jahre 1318 Go Daigo, ein ungewöhnlich tatkräftiger Herrscher, den Thron. Anders als manche seiner Vorgänger war er ein erwachsener Mann und fest entschlossen, die Autorität der kaiserlichen Familie wiederherzustellen. Das *Bakufu* versuchte mehrmals, ihn zur Abdankung zu zwingen, aber der Hojo-Regent war ein willensschwacher Lüstling. Go Daigo war ihm überlegen; jahrelang mißachtete er die Weisungen des Regenten und gewann ständig neue Anhänger.

Im Jahre 1333 sandten die Hojo-Regenten ein mächtiges Heer aus, das den ehrgeizigen Kaiser unterwerfen sollte, aber Ashikaga Takauji, sein führender Feldherr, ging, noch bevor er Kyoto erreichte, auf die andere Seite über und betrat die Hauptstadt in Go Daigos Namen. Sein Übertritt zur Partei des Kaisers löste vielerorts Aufstände unzufriedener Herren und ihrer Samurai aus; sie marschierten nach Kamakura und brannten es nieder.

Eine Zeitlang sah es so aus, als sollte Go Daigo bei seinem Versuch, die kaiserliche Macht wiederherzustellen, Erfolg haben und – wie die Kaiser der vorfeudalen Zeit – mit Hilfe von Ministern und vom kaiserlichen Hof ernannten Provinzbeamten regieren. Aber Takauji, sein neuer Verbündeter, hatte persönlichen Ehrgeiz. Gestützt auf Herren, denen an der Erhaltung ihrer Feudalmacht lag, gelang es ihm, einen Schattenkaiser an Go Daigos Stelle zu setzen und als Shogun die Regierung in Kyoto zu übernehmen. Go Daigo verließ die Hauptstadt und richtete in den Bergen südlich von Kyoto einen Gegenhof ein.

Die aus der von Ashikaga Takauji begründeten Linie abstammenden Shogune waren nie so stark wie Yoritomo oder seine von den Hojo abhängigen Nachfolger; binnen eines Jahrhunderts schwand ihre Macht fast vollständig dahin. In den 300 Jahren, die auf Takaujis Staatsstreich folgten, hatte Japan nur selten eine tatkräftige Regierung. Den Hof im Süden hatte man im Jahre 1392 überreden können, nach Kyoto zurückzukehren, aber die japanischen Kaiser blieben die Schatten der nahezu ebenso schattenhaften Shogune. Sie ließen die nationale Einheit lediglich ahnen, während die Adligen in den Provinzen, die *Daimyos* (Große Namen) ihre Lehen wie unabhängige Nationen regierten. Ein neues Stadium des Feudalismus hatte begonnen.

4. Mönche und Krieger

Die frühe Feudalzeit Japans erwuchs aus Gewalt; Krieger aus der Provinz wurden die Herren des Landes. Dennoch war es eine Epoche des Fortschritts und der Veränderungen, und nicht wenige der Traditionen und Institutionen, die das heutige Japan charakterisieren, haben ihren Ursprung im 12. und 13. Jahrhundert.

Während der als Kamakura-Zeit (1185–1333) bekannten Ära regierten der Shogun Yoritomo und seine Hojo-Nachfolger Japan von ihrem militärischen Hauptquartier in Kamakura aus; doch der Handel blühte, Städte wurden gegründet und breiteten sich aus. Japanische Künstler und Kunsthandwerker entwickelten und vervollkommneten jene bemerkenswerten Kunstfertigkeiten, besonders im Schmieden von Schwertern, die ihnen später weltweiten Ruhm einbringen sollten. Der Ehrenkodex der Samurai, später *bushido* genannt, entwickelte sich aus einfachen Loyalitätsbegriffen zu einem machtvollen ethischen Gesetz, das noch heute seinen Einfluß ausübt. Der Buddhismus, einst vorwiegend von Adligen, die sich von seinen ästhetischen Werten angezogen fühlten, unterstützt, verbreitete sich über das ganze Land und brachte verschiedene populäre Sekten hervor, die in Japan noch heute von Bedeutung sind.

Die Masse des japanischen Volkes in der frühen Feudalzeit bestand, wie in jeder einfachen Agrarnation, aus Bauern. Die meisten von ihnen waren Leibeigene, an das Land gebunden, das sie bestellten, und gezwungen, einen großen Teil ihrer Erträge einem Grundbesitzer – gewöhnlich einem Adligen oder einem Kloster – auszuliefern. Für diese Massen brachte die unter den Herrschern der frühen Feudalzeit erreichte relative Stabilität nur geringe Veränderungen; für die Kaufleute und Kunsthandwerker hingegen, deren Zahl in der Kamakura-Zeit erheblich zunahm, hatte sie weitreichende Konsequenzen. Das Hin und Her zwischen der kaiserlichen Hauptstadt Kyoto und dem Hauptquartier der Shogune in Kamakura, nahezu 500 Kilometer voneinander entfernt, belebte den Verkehr und eröffnete den Kaufleuten neue Märkte. Die Folge war das Aufkommen zahlreicher Handelsstädte, die durchweg auf die gleiche Art entstanden wie die Handelszentren des mittelalterlichen Europa. An Straßenkreuzungen, vor den Toren bedeu-

Ein heilender Buddha hält ein Arzneigefäß in der einen Hand und erhebt die andere in einer Geste der Meditation. Seit der Buddhismus im 12. Jahrhundert Volksreligion geworden war, wurden solche Buddhas von allen Ständen verehrt.

tender Klöster, nahe den Festungen von Adligen, die ihnen Schutz boten, und an den natürlichen Häfen der Küste bildeten sich Niederlassungen der Kaufleute. Die Kaufleute wiederum zogen Handwerker an und ermutigten sie zur Herstellung von Waren, die man verkaufen, in ferne Provinzen versenden oder ins Ausland verschiffen konnte. Bis zur Eroberung Chinas durch die Mongolen nahm der Chinahandel ständig zu; kostbare Lackarbeiten, anmutig verzierte Fächer und Wandschirme und hervorragend geschmiedete Waffen waren die wichtigsten Exportartikel.

Obwohl die Kaufleute und Handwerker eine Rolle spielten, deren Bedeutung ständig wuchs, konnte kein Zweifel bestehen, welche Klasse den Ton angab. Es waren die Krieger; ihre Loyalität gegenüber ihren Oberen war das stärkste Band, das die Gesellschaft zusammenhielt. Die Elite des Kriegerstandes waren die Samurai — berittene, gerüstete Ritter von aristokratischer Geburt; doch es gab neben ihnen auch viele tüchtige Krieger von weniger hohem Rang, die sich eine gute Rüstung, Waffen und sogar Pferde beschafft hatten — sei es durch Plünderung, oder indem sie gefallene Soldaten beraubten.

Heldenepen. Die Vorherrschaft des Kriegers wird lebhaft illustriert durch die Literatur der Kamakura-Zeit, die zum großen Teil aus kraftvollen Erzählungen über die Kriegstaten furchtloser Männer besteht und sich von den zarten Romanen und Gedichten der Heian-Zeit erheblich unterscheidet. Niemand weiß, wer die mitreißenden Kriegsepen der Kamakura-Zeit verfaßt hat. Vermutlich wurden sie zur Laute von Wandermusikanten gesungen und in vielen Variationen überliefert, bevor Mönche oder Gelehrte sie zu Papier brachten. Anders als die Heian-Literatur, die von Aristokraten für Aristokraten geschrieben wurde, waren die Kriegsgeschichten der Kamakura-Zeit in allen Volksschichten außerordentlich beliebt; die in ihnen besungenen Helden wurden zu nationalen Idealbildern der Tapferkeit.

Das Hauptthema dieser Kriegsgeschichten ist der lange, heftige Machtkampf zwischen den Familien der Taira und der Minamoto. Die Hauptrollen spielen legendäre Helden, zum Teil aus dem gewöhnlichen Volke stammend, aber dennoch verherrlicht. Die Sprache ist von faszinierender Lebendigkeit. Ein bezeichnendes Beispiel aus dem *Heike-monogatari* berichtet, wie ein Krieger-Priester der Minamoto sich den Weg über eine Brücke erkämpft, deren Planken bereits entfernt sind:

Allein sprang [er] auf die Brücke und rief mit mächtiger Stimme: «Die in der Ferne mögen lauschen; die in der Nähe können es sehen: ich bin Tsutsui Jomyo Meishu, der Priester; wer lebt in Miidera, der mich nicht kennt, einen Krieger, der tausend Männer wert ist? Wer glaubt, jemand zu sein, der komme her — und dann werden wir sehen!» Und indem er seine vierundzwanzig Pfeile wie Blitze abschoß, tötete er zwölf Soldaten der Heike [Taira]

Verschiebbare Schirme aus durchscheinendem, auf Holzrahmen geleimtem Papier bilden die Türen und manchmal sogar die Wände japanischer Häuser. Sie werden «shoji» genannt und hängen in hölzernen Schiebevorrichtungen, die ein leichtgängiges Öffnen und Schließen erlauben.

und verwundete elf weitere ... [Er] streifte seine Schuhe ab, sprang barfuß auf die Balken der Brücke und überquerte sie. Keiner hatte gewagt, sie zu betreten; er jedoch schritt über die zerstörte Brücke wie einer, der in der Hauptstadt die Straßen Ichijo oder Nijo entlanggeht. Mit seiner «naginata» [Schwertlanze] mähte er fünf Feinde nieder, aber beim sechsten brach [sie] entzwei ... er warf sie fort, zog sein Schwert, schwang es im Zickzack-Stil, in der verwobenen, der kreuzweisen, der umgekehrten Libellen-, der Mühlrad-, der Acht-Seiten-auf-einmal-Fechtweise, und streckte acht Männer zu Boden.

Die Helden, die derart gewaltige Kämpfe austrugen, werden in allen Einzelheiten beschrieben, wenn sie, Strategie und Taktik verschmähend, dem Heer vorausreiten, um die gegnerischen Helden zum Zweikampf herauszufordern:

Hon-sanuni Chujo Shigehira ... trug an diesem Tag ein [Gewand] aus dunkelblauem Tuch, dem in hellgelber Seide ein Muster von Felsen und Seevögeln aufgestickt war, und eine purpurverbrämte Rüstung, deren Farbe zum Saum hin dunkler wurde. Sein Haupt bedeckte ein Helm mit großen goldenen Hörnern; auch sein Schwert war mit Gold beschlagen. Schwarze und weiße Falkenfedern zierten seine Pfeile ... Er ritt auf einem berühmten Streitroß mit Namen Dojikage, dessen Zaumzeug von goldenen Ornamenten funkelte.

Dem modernen Leser dieser glorreich blutrünstigen Legenden fällt vor allem auf, daß auch Frauen in ihnen eine Rolle spielen. Unter den Helden der Kriegserzählungen finden sich auch Mädchen: in der frühen Feudalzeit mußten sich die japanischen Frauen noch nicht mit der demütigen Unterwürfigkeit begnügen, die ihre Stellung in den späteren Jahrhunderten kennzeichnete. Man erwartete von ihnen, daß sie die gleiche Loyalität und Tapferkeit zeigten wie die Männer, und gelegentlich errang eine in besonderem Maße mit diesen Fähigkeiten begabte Frau sogar einen Ehrenplatz in der Kriegerelite. Eine solche Frau muß die zur Partei der Minamoto gehörende Tomoe gewesen sein.

Tomoe hatte langes schwarzes Haar und helle Haut, und ihr Gesicht war voller Liebreiz; überdies war sie eine furchtlose Reiterin, der weder das wildeste Pferd noch das schwierigste Gelände etwas ausmachten, und mit Schwert und Bogen ging sie so geschickt um, daß sie es mit tausend Kriegern aufnahm und sich weder vor Gott noch Teufel fürchtete. Oft zog sie ins Feld, schwerbewaffnet, und gewann in Begegnungen mit den tapferen Hauptleuten beispiellosen Ruhm; auch in diesem letzten Kampf, nachdem alle anderen erschlagen oder geflohen waren: Unter den letzten sieben ritt Tomoe.

Trotz des großen Raums, den die Kämpfe in ihnen einnehmen, sind die Kriegsepen der Kamakura-Zeit keine einseitigen Heldengeschichten, in denen die Guten und Gerechten am Ende den Sieg davontragen. Das Gegenteil ist der Fall: fast immer unterliegen die edelsten Charaktere. Das verbreitetste Thema ist der Sturz der Mächtigen, und die Szenen von Schlacht und Tod vollziehen sich vor dem Hintergrund der buddhistischen Lehre, daß alles Erdenleben kurz ist, unsicher und voll von Sorge und Leid.

Die Schwerter der Samurai. Das materielle Symbol des kriegerischen Geistes jener Zeit war die Hauptwaffe des Soldaten, sein Schwert. In späteren Zeiten genossen nur die ritterlichen Samurai das Vorrecht, diese tödliche, rasiermesserscharfe Klinge zu tragen; in der Kamakura-Zeit jedoch besaßen auch Männer von niederer Geburt Schwerter, mit denen sie sich ihren Weg zum Ruhm bahnten. Ein Schwert war mehr als eine Waffe; es war zugleich – vor allem für die Samurai – der Mittelpunkt eines ausgedehnten Ehrenkults. Von seinem Schwert getrennt zu werden, bedeutete für einen Samurai den Verlust seiner Ehre. Er schlief mit dem Schwert neben dem Kopfkissen; stand die Geburt eines Samurai bevor, so wurde ein Schwert ins Zimmer gebracht, und wenn ein Samurai starb, lag sein Schwert neben seinem Totenbett.

Man schrieb Schwertern wunderbare Kräfte und ein eigenes Leben zu. Im Kampf unterlegene Soldaten beteten an den Schreinen des Kriegsgottes Hachiman und fragten ihn, warum ihre Schwerter ihren Geist verloren hätten. Von der spirituellen Kraft berühmter Klingen erzählen viele überlieferte Geschichten. Eine von ihnen berichtet von zwei berühmten Schwertschmieden mit Namen Muramasa und Masamune, die in ihrem Können fast gleichrangig waren. Als man ein von Muramasa geschmiedetes Schwert senkrecht in fließendes Wasser hielt, schnitt es jedes abgefallene Blatt, das gegen die Schneide getrieben wurde, säuberlich entzwei. Das war eine gute Leistung, aber noch nicht die beste. Als man ein Schwert von Masamune der gleichen Prüfung unterwarf, mieden die treibenden Blätter seine Schneide und passierten sie unversehrt zu beiden Seiten; also besaß Masamunes Schwert spirituelle Gewalt über die Blätter und war daher seinem Rivalen überlegen.

Die Bedeutsamkeit der Schwerter und der ihnen zugeschriebenen mystischen Eigenschaften erhob auch die Gilde der Schwertschmiede zu hohen Ehren. Sie gingen mit großem Ernst an ihre Arbeit: sie fasteten vor dem Schmieden, unterzogen sich rituellen Waschungen und arbeiteten an ihren Ambossen und Essen in weißen Gewändern, die denen der Mönche ähnelten. Ihre Bemühungen blieben nicht ohne Erfolg; schon im 13. Jahrhundert waren japanische Schwerter allen in der übrigen Welt hergestellten weit überlegen. Erst mit der Entwicklung der modernen wissenschaftlichen Metallurgie im 19. Jahrhundert gelang es den Europäern, Stahl zu erzeugen, dessen Qualität einen Vergleich mit dem japanischen Stahl des 13. Jahrhunderts aushielt, und zu verstehen, wie die Japaner ihn hergestellt hatten.

Um ihre hochwertigen Klingen herzustellen, mußten die japanischen Handwerker ein Problem lösen, dem alle Waffenschmiede seit frühester Zeit gegenüberstanden. Sie konnten sehr harten Stahl erzeugen, der auch beim Gebrauch in der Schlacht scharf blieb; aber die aus ihm geschmiedeten Schwerter brachen leicht, weil solcher Stahl spröde ist. Sie konnten ihre Schwerter auch aus weichem Stahl schmieden, der nicht brach, aber dann wurden die Schneiden nicht so scharf und stumpften im Gebrauch schnell ab. Mit ihnen konnte man weder eine Rüstung durchhauen noch andere Dinge vollbringen, die man von einem guten Schwert erwartete, wie zum Beispiel «das Abschlagen von Armen oder Köpfen».

Die eine Art, auf die japanische Schwertfeger dieses Problem lösten, ähnelte den Methoden der sarazenischen Schmiede in Damaskus und der

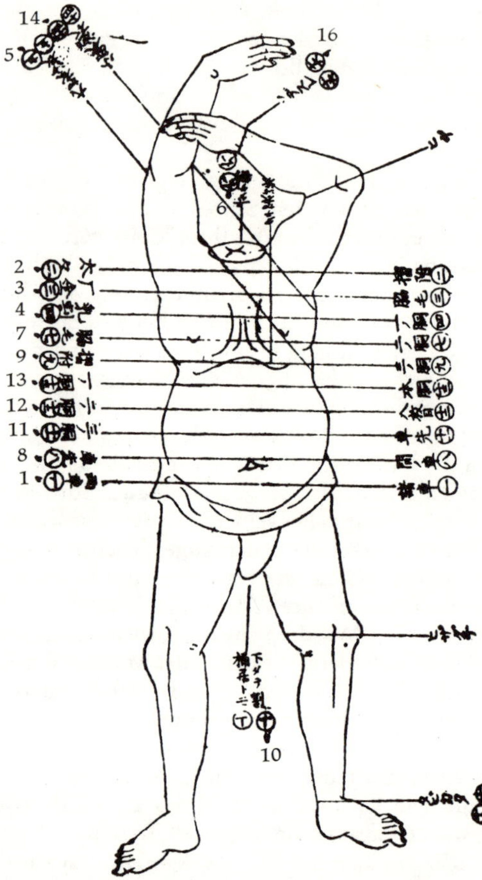

Bevor er ein neues Schwert annahm, ließ ein Samurai die Klinge sorgfältig ausprobieren – oft sogar an Leichen geköpfter Verbrecher. Die Schwierigkeit der Hiebe, die seltsame Namen trugen, wechselte vom Hieb durch die Hüfte (1) bis zum Abhauen der Hand (16).

1 ryo kuruma – ,,*Doppelrad*"
2 tai-tai – ,,*sehr groß*"
3 karigane – ,,*Wildgans*"
4 chiwari – ,,*Brustspalter*"
5 o-kesa – ,,*Priestergewand*"
6 kami-tatewari – ,,*Spalthieb von oben*"
7 wakige – ,,*Achselhöhle*"
8 kurumasaki – ,,*Ende des Rades*"
9 suritsuke – ,,*Einreibung*"
10 shimo-tatewari – ,,*Spalthieb von unten*"
11 san-no-do – ,,*Dritter Körperschlag*"
12 ni-no-do – ,,*Zweiter Körperschlag*"
13 ichi-no-do – ,,*Erster Körperschlag*"
14 ko-kesa – ,,*Kleines Priestergewand*"
15 tabigata – ,,*Sockenrand*"
16 sodesuri – ,,*Ärmelschnitt*"

spanischen Hersteller der berühmten Toledaner Klingen. Stahlschichten von unterschiedlicher Härte wurden geschmiedet und zu einem flachen Barren zusammengeschweißt. Dieser Barren wurde dann wieder erhitzt, erneut zusammengefügt und wieder dünn ausgeschmiedet. Nachdem diese Prozedur etwa ein dutzendmal wiederholt worden war, bestand der Stahl aus Tausenden von papierdünnen Blättchen aus hartem und weichem Metall. War die Klinge endlich scharf geschliffen, so widerstand der harte Stahl der Abstumpfung, während der weiche Stahl das Brechen verhinderte.

Doch um nur ihre besten Klingen herzustellen, bedienten sich die Japaner einer noch weitaus komplizierteren Methode. Den Kern oder das Innere einer solchen Klinge schmiedeten sie aus verhältnismäßig weichem, geschichtetem Material, das nicht brach. Das Äußere und die Schneide der Klinge jedoch bestanden aus Stahl verschiedener Härtegrade, zu einer Platte zusammengeschweißt, die etwa zwanzigmal zusammengefügt und wieder ausgeschmiedet wurde, so daß mehr als eine Million Schichten entstanden. Dieser äußere Stahlmantel konnte durch Erhitzen und plötzliches Abkühlen sogar noch härter gemacht werden. Der letzte Schritt des Meisterschmiedes bestand darin, daß er die nahezu fertige Klinge mit einer dicken Schicht Lehm überzog, wobei nur die Schneide frei blieb; dann erhitzte er sie auf die richtige Temperatur, bis das glühende Metall eine bestimmte Farbschattierung annahm. Dieser entscheidende Augenblick ließ sich am besten erkennen, wenn man in der Morgendämmerung in einem verdunkelten Raum arbeitete. War er erreicht, warf der Schmied mit einem Gebet die Klinge ins Wasser. Die freie Schneide kühlte sofort ab und wurde extrem hart; der Rest der Klinge, vom Lehm geschützt, gab die Hitze nur langsam ab und blieb verhältnismäßig weich. Das Endergebnis war eine Schwertklinge aus weichem, bruchfestem Metall, überzogen von einer dünnen Schicht harten Stahls. Etwa fünf Millimeter seiner Schneide aber bestanden aus einem Metall, das so hart war, daß es selbst bei wiederholtem Gebrauch in der Schlacht die Schärfe eines Rasiermessers behielt.

Diese Klingen erhielten lange Griffe und konnten mit beiden Händen geschwungen werden; das Abschlagen von Köpfen war ihnen ein leichtes. Dieser tödliche Schlag war so gebräuchlich, daß die Krieger stählerne Halsbergen trugen, um ihr Leben zu verlängern; aber ein wirklich gutes Schwert durchschlug auch die Rüstung und spaltete sogar einen Mann mit einem einzigen Hieb.

Am meisten wurden Schwerter bewundert, die sich bereits wiederholt in der Schlacht bewährt hatten. Sie waren Erbgut, das in den Samurai-Familien über viele Generationen hinweg überliefert wurde, und es gab ihrer nicht viele. Und wenn sich ein junger Samurai mit einem neu geschmiedeten Schwert ohne Stammbaum begnügen mußte, lag ihm natürlich daran, seinen Wert kennenzulernen. Er oder auch der Schwertschmied selbst probierten die Klinge zuerst an Strohbündeln aus, die einen Menschen darstellen sollten. Bewährte sich ein Schwert, wurde es danach an einem Leichnam erprobt; man hängte ihn auf verschiedene Weise auf, um die unterschiedlichsten Streiche ausführen zu können. Manchmal prüfte man ein Schwert auch an einem zum Tode verurteilten Verbrecher. Eine Geschichte berichtet von einem stämmigen Räuber, der im Stock seine Hinrichtung erwartete. Als der Krieger mit der nackten Klinge vor ihn hintrat, fragte er: «Seid Ihr es, der mich töten wird?»

«Ja», war die Antwort, «und ich werde es im *kesa*-(Schulter-Seite)-Stil tun . . .»

«Wenn ich das vorher gewußt hätte», sagte der Räuber, «dann hätte ich ein paar große Steine verschluckt, um Euer Schwert zu verderben.»

Religionen und Sekten. Gleichzeitig mit der Verherrlichung des Kriegers in der Kamakura-Zeit kam eine religiöse Bewegung auf, die Japan gegen Ende des 12. Jahrhunderts zu überfluten begann. Einzelne Gruppen lösten sich von den orthodoxen Doktrinen und Praktiken der Buddhisten, und viele neue, populäre Sekten wurden gegründet. Einige von ihnen predigten die «Erlösung»; sie machten den Menschen Hoffnung auf ein zukünftiges Leben im Paradies. Eine Sekte stimmte ihre philosophischen Lehren auf die spartanischen Traditionen der Krieger und ihren Schwertkult ab, und eine andere griff gelegentlich selbst zum Schwert, um ihre Überzeugungen im Lande zu verbreiten.

Diese zahlreichen Sekten erweiterten die Anziehungskraft einer Religion, die anfangs ihre Anhänger vornehmlich in den oberen Gesellschaftsschichten gefunden hatte. Schon kurz nachdem der Buddhismus im 6. Jahrhundert über China und Korea nach Japan gelangt war, wurde er zu einem fest etablierten Staatskult, unterstützt vom Hof und von der herrschenden Adelsklasse, die seine prunkvollen Rituale, seine tiefsinnigen Schriften und die mit ihr verbundene religiöse Kunst zu würdigen wußten. Im Verlauf der Jahrhunderte brachten Geschenke und Legate seinen Tempeln und Klöstern ungeheure Güter ein; einige von ihnen verfielen der Korruption und beschäftigten sich mehr mit ihrem Reichtum und seiner Zurschaustellung als mit dem Fasten, Beten, Lesen und anderen vorgeschriebenen Übungen, die in ihren Doktrinen als wichtig galten. Häufig unterdrückten sie die Menschen, die auf dem reichen Land der Klöster lebten, und waren dementsprechend verhaßt.

Auch daß der frühe japanische Buddhismus auf dem Standpunkt beharrte, daß alles irdische Leben sinnlos und nichtig sei, hinderte ihn daran, zur Volksreligion zu werden. Eine solche Einstellung mochte für Männer attraktiv sein, die willens waren, ihre Familien zu verlassen, Mönche zu werden und sich aus der Welt zurückzuziehen; den gewöhnlichen Mann mit seiner Familie, seinem Heim, seinen Hoffnungen und Sorgen sprach diese erhabene, asketische Ausprägung des Buddhismus kaum an. Während des größten Teils der Heian-Zeit mochte sich der typische Japaner buddhistische Überzeugungen wie die Lehre von der Wiedergeburt und vom Karma zu eigen gemacht haben. Aber das war auch alles. Diese grundlegenden Überzeugungen, großzügig untermischt mit primitivem Aberglauben, bildeten den Hauptbeitrag des frühen Buddhismus zum geistlichen Leben des gewöhnlichen Volkes.

Doch der Buddhismus war keine einheitliche Religion. Schon viele Jahrhunderte vor seinem Aufkommen in Japan bestand er aus einer großen Familie von Religionen, und einzelne seiner Konfessionen und Sekten waren durchaus nicht mönchisch oder weltabgeschieden. Selbst in Indien, wo der Buddhismus seit dem sechsten vorchristlichen Jahrhundert lehrte, das ganze Leben bestehe aus Leiden und Schmerzen, hatten sich Sekten gebildet, die in Buddha einen frohen Heiland sahen, der Hoffnung und Glück in die Welt bringt. So beschreibt das *Mahavastu,* eine heilige Schrift der Inder, einen Besuch Buddhas: «Als er in die Stadt kam ... verschwanden alle häßlichen Felsen, Steine und Kiesel in der Erde, die sich mit zahllosen Blumen bedeckte. Blühende Bäume erblühten; fruchttragende Bäume trugen Früchte ... Die Blinden sahen; die Tauben hörten. Die Irren gewannen ihren Verstand zurück; die Kranken wurden gesund, die Schwangeren brachten ihre Kinder glücklich zur Welt. Die Nackten erschienen gekleidet, und die Fesseln der Gefangenen wurden gelöst.»

Denn in der Tat bot der Buddhismus auch Frohsinn für alle, denen es um Frohsinn zu tun war, und etwas davon erreichte nach tausend Jahren auf dem Weg über China auch Japan — in Form der Verehrung Amidas, eines der zahlreichen Götter, die der alte, vielfältige Glaube hervorgebracht hatte. Man glaubte, daß Amida, der Herr des grenzenlosen Lichts, einst ein indischer Prinz war, der sich mit hingebender Frömmigkeit seine Erlösung verdient und ein Paradies, das Reine Land, errichtet hatte: «Millionen und aber Millionen von Meilen gen Westen», wo er fromme Gläubige, die seinen Namen anriefen, willkommen hieß.

Anfangs wurde Amida in Japan nur als einer unter vielen Göttern und gottgleichen Wesen verehrt; fromme Gläubige beobachteten in den Klöstern den Sonnenuntergang und meditierten dabei über die Herrlichkeiten des Westlichen Paradieses. Später, als die goldene Heian-Zeit in Pessimismus und Unsicherheit versank, breitete sich die Nachricht von Amidas verlokkendem Paradies immer weiter aus. Ein Anführer dieser Bewegung war ein Mönch namens Genshin, Verfasser eines Buches *Das Wesen der Erlösung;* er lehrte, der beste Weg für einen Menschen, im Reinen Land wiedergeboren zu werden, sei die ständige fromme Wiederholung der Worte «*Namu Amida Butsu*», einer Redewendung, die man *nembutsu* nannte und die «Ehre sei dem Amida Buddha» bedeutete. Wenn ein solcher gläubiger Mensch stirbt, schrieb Genshin, «bringt der Herr des Mitleids eine Lotosblüte herbei, auf der er die fromme Seele trägt, und der Herr der Macht reicht ihm zum Willkommen die Hände ... Im Lande der Reinheit geboren, gleicht der Fromme einem Blinden, der plötzlich sehend wird und sich von leuchtenden Strahlen und funkelnden, unvorstellbar kostbaren Juwelen umgeben sieht ... Einige der Wesen im Paradies singen zum Lobpreis Buddhas ... während andere in heiterer Meditation in der Luft schweben. Der Buddha Amida sitzt auf einem Lotosthron, der einem goldenen Berg gleicht ... umgeben von seinen Heiligen. Die Herren des Mitleids und der Macht führen den Neugeborenen vor seinen Thron.»

Genshin war ein inspirierter Prophet, kümmerte sich jedoch kaum darum, Anhänger zu finden. Erst lange nach seinem Tode im Jahre 1017 faßt seine Vision des Amidismus auch außerhalb der Klöster Fuß. Im Jahre 1175 begründete ein Mönch namens Honen die Sekte des *Jodo* oder Reinen Landes und predigte, die Macht des *nembutsu* sei absolut und universal. Es könne von Menschen jeder Klasse und jeden Standes gebraucht werden, selbst von den größten Sündern; wenn sie aufrichtig seien, würde es ihnen unfehlbar den Zutritt zum Reinen Land verschaffen. In einer von Kriegen heimgesuchten Zeit war das eine gute Nachricht. Viele Menschen waren überzeugt, daß die dunklen «Tage des Jüngsten Gerichts» nun gekommen, die Menschen jedoch zu tief gesunken seien, um sich noch auf ihre eigenen Kräfte verlassen zu können. Deshalb sei es richtig, die Kraft eines anderen — also etwa Amidas — anzurufen.

Weil sie Trost und die Hoffnung auf eine Wiedergeburt im Paradies brachte, breitete sich die Sekte des Reinen Landes rasch in allen Bevölkerungsschichten aus. Von einem ehemaligen Kaiser der Kamakura-Zeit heißt es, er habe das *nembutsu* mehrere Millionen Mal gesprochen und sei gestorben, während er es rezitierte. Selbst kühne Samurai schlossen sich der Sekte an. Einige von ihnen, offensichtlich des Kriegerlebens müde, begingen Selbstmord in der Überzeugung, daß das *nembutsu* ihnen die Wiedergeburt in Amidas herrlichem Paradies bescheren würde.

Shinran, einer der Nachfolger Honens, lehrte, daß sogar eine einzige aufrichtige Anrufung von Amidas Namen ausreichend sei. Hatte ein Mensch sich auf diese Weise die Gewißheit verschafft, das Westliche Paradies zu erreichen, so erübrigten sich weitere Wiederholungen. Ein solcher Mensch brauchte nicht als Mönch zu leben und sich strengen Regeln oder religiösen Vorschriften zu unterwerfen. Er konnte heiraten, Kinder haben und sich des Lebens auf Erden freuen, ohne seine Erlösung zu gefährden. Shinran heiratete selbst und hatte sechs Kinder; die Priester seiner noch heute einflußreichen Sekte sind gleichfalls meistens verheiratet.

Es gibt Gelehrte, die in «Erlösungs»-Sekten wie den Amidisten eine auffallende Parallele zu den protestantischen Sekten der Reformation in Europa sehen. Beide lehren die Erlösung durch den Glauben anstatt durch «Werke», beispielsweise Schenkungen an die Kirche oder das Befolgen religiöser Regeln. Die Bibel bestätigt die Erlösung durch den Glauben mit der Erklärung

Die alten Gärten in und um Kyoto gehören zu den schönsten Schöpfungen fernöstlicher Kunst, ihre Anlage gilt allerdings nicht in der Hauptsache der Erzeugung ästhetischen Vergnügens. Im Zen, der Lehre einer buddhistischen Sekte, die im 13. Jahrhundert Japans einflußreichste religiöse Glaubensrichtung darstellte, spielt die Betrachtung der Position des Menschen im Kosmos eine entscheidende Rolle; dementsprechend stellten die Gärten, in denen Priester und Laien des Zen meditierten, symbolische, verkleinerte Abbildungen der natürlichen Welt dar. Nach Ansicht der Zen-Gärtner ließ sich die Weite der Natur nicht durch Statuenschmuck und buntblühende Bäume, sondern vielmehr durch dunkle Mose, verschiedenfarbige Kiessorten und Natursteine jeder Größe am besten wiedergeben. Hier ist der Garten des Zenbuddhistischen Ryoanji-Tempels in Kyoto abgebildet.

des Apostels Paulus: «Denn wer den Namen des Herrn wird anrufen, soll selig werden» (Römerbrief 10,13); das entspricht in der Tat Honens Befürwortung des *nembutsu.* Andere Ähnlichkeiten zwischen dem Protestantismus und den buddhistischen Erlösungssekten bestehen im Heiratsrecht der Priesterschaft, in dem gemeinsamen inbrünstigen Glauben an ein Leben nach dem Tode und im Bemühen beider um eine Kirche, die, statt von hohen Würdenträgern, von unabhängigen Kongregationen geleitet wird.

Die Popularität der Amidisten empörte die älteren buddhistischen Sekten, die ihre neuen Rivalen nach Kräften zu verdrängen suchten. Der Kaiser Go Toba setzte seine ganze Macht gegen die Amida-Sekten ein. Einige von Honens Schülern wurden in das rauhe Nordjapan verbannt, andere enthauptet. Im Jahre 1207 wurde Honen selbst für vier Jahre ins Exil geschickt; kurz vor seinem Tode durfte er jedoch nach Kyoto zurückkehren. Als er auf dem Totenbett lag, brachten seine Anhänger eine kleine Skulptur Amidas herbei und befestigten, wie es üblich war, an ihrer Hand das eine Ende einer Schnur; das andere Ende wollten sie Honen geben, damit der Buddha ihn ins Paradies führen könne. Doch Honen lehnte ab. Er sagte, er sähe am Himmel bereits eine große Schar von Buddhas, die darauf warteten, ihn im Reinen Land willkommen zu heißen.

Wie die meisten ihrer Anhänger waren Honen und Shinran tolerant und gütig; ein späterer Reformer, der Mönch Nichiren (1222–1282), war jedoch unduldsam und aggressiv. Die von ihm begründete fanatische *Hokke*- oder *Lotos*-Sekte hatte mit den anderen Richtungen des Buddhismus nur wenig gemein. Nach Nichirens Überzeugung zerstörten die anderen buddhistischen Sekten die Kraft der Japaner als Nation und korrumpierten die weltlichen Herrscher des Landes. Er lehrte, die Wahrheit liege einzig im *Lotos Sutra,* einer alten, in Indien niedergeschriebenen buddhistischen Schrift, und die einzige Möglichkeit für einen Menschen, ins Paradies zu gelangen, bestehe im ständigen Rezitieren der Worte «*Namu-myoho-renge-kyo*» (Ehre sei dem wunderbaren Gesetz des Lotos Sutra). Jeder, der dies unterließe, lehrte Nichiren, würde in eine glühende, flammende Hölle kommen, und ebenso erginge es allen anderen, die einer anderen Richtung des Buddhismus anhingen. Nichiren griff sämtliche Sekten an und bezeichnete ihre Anführer als Lügner, Diebe, Heuchler, böse Feinde, Teufel und Räuber. Natürlich stieß er auf Widerspruch; er wurde wiederholt angeklagt und zweimal verbannt. Einmal sollte er hingerichtet werden, aber seinem eigenen Bericht zufolge flammte «ein heller Gegenstand wie ein Feuerball» über den Himmel und erschreckte den Scharfrichter so, daß er sein Schwert fallen ließ.

Unermüdlich prophezeite der Mönch alle möglichen Arten von Unheil, falls man nicht ausschließlich seiner Lehre folge. In den Jahren 1260 und 1268 sagte er eine Invasion voraus, etwas, das es in der Geschichte Japans noch nicht gegeben hatte. Als die Mongolen im Jahre 1274 und dann wieder 1281 tatsächlich angriffen, wies er darauf hin, wie wunderbar sich seine

Prophezeiung bewahrheitet hatte, und bekehrte damit zahlreiche Samurai zu seiner Lehre.

Wie viele andere Propheten identifizierte Nichiren seine Grundlehren mit der Wohlfahrt des Staates. Japan, so predigte er, könne nicht gedeihen, solange es ihm nicht als seinen religiösen Führer akzeptiere. Er hatte sogar vor, eine die ganze Welt umspannende Religion zu begründen, deren Oberhaupt in Japan residieren würde.

Nichirens Nachfolger waren sogar noch gewalttätiger als er. Sie bewaffneten sich und zogen durchs Land, die Gebäude rivalisierender Sekten niederbrennend. Es war schon früher vorgekommen, daß Klöster und Tempel niedergebrannt wurden, aber die in der Frühzeit Japans so zahlreichen bewaffneten Mönche hatten um Macht, Besitz und Privilegien gekämpft; Nichirens Lotos-Sekte motivierte ihre Streitbarkeit als erste aus religiösen Gründen. Ihr Anspruch, im Interesse der Wohlfahrt des Landes zu handeln, wurde später als Patriotismus interpretiert; in neuerer Zeit war die Sekte besonders unter den extremen Nationalisten populär.

Der Zen-Buddhismus. Von den anderen religiösen Richtungen unterschied sich auffällig der Zen-Buddhismus, eine mystische Sekte, die Japan über China erreichte und wegen des Nachdrucks, den sie auf Disziplin und Strenge legte, bei den Militärherrschern der Kamakura-Zeit großen Einfluß gewann. Zen (das Wort stammt aus dem Sanskrit und bedeutet «Meditation») wurde angeblich in Indien von einem Mönch namens Bodhidharma begründet, der neun Jahre lang «da saß und eine leere Wand betrachtete». Eine solche Bewunderung extremer Askese ist typisch für Indien, und Zen weist noch andere spezifisch indische Züge auf; dennoch ist diese Abart des Buddhismus in erster Linie ein Produkt Chinas, das sich, wie andere Einflüsse aus China, in Japan am höchsten entwickelte.

Sinn und Ziel des Zen ist die plötzliche Erleuchtung: die Erkenntnis der illusorischen Natur allen Seins. Diese Erleuchtung galt als höchstes Ziel; sie war von größerem Wert als alle Lehren und wurde verschiedentlich einer unmittelbaren Kommunikation mit der Seele des Buddha gleichgestellt. Die meisten anderen Spielarten des Buddhismus lehrten, man müsse sich die Erleuchtung mühsam durch Studium, Gebet und ein heiliges Leben verdienen, und sie widerfahre dem Menschen im allgemeinen als Höhepunkt nach vielen Wiedergeburten. Zen lehrte die Möglichkeit blitzartiger Erleuchtung – als Ergebnis intensiver geistiger und körperlicher Konzentration. Während dieser Bemühung darf das Gehirn nicht in der üblichen Weise denken; es konzentriert sich statt dessen auf *koan* genannte Probleme, die aus den Aussprüchen der Zen-Meister abgeleitet wurden. Diese Probleme sind bewußt unlogisch oder sogar absurd. Das vielleicht berühmteste von ihnen lautet: «Wenn man beide Hände zusammenschlägt, entsteht ein Geräusch; lausche dem Geräusch nur einer Hand.» Die richtige Handhabung dieses *koan* hat mit Tonwellen, Luftströmungen und rationalen Dingen nichts zu tun. Es steht völlig außerhalb der Sphäre der Ratio; seine Absicht ist, das Denken anzuspannen und es an den Rand plötzlicher Erleuchtung zu bringen. Der Zen-Meister half dem Schüler häufig, zur Erleuchtung vorzustoßen, indem er ihm etwas ins Ohr rief («*Ho!*» in China, «*Katsu!*» in Japan) oder ihn mit einem Stock schlug.

Gelegentlich gilt ein Mönch namens Eisai als Begründer des japanischen Zen; sein einflußreicherer Pionier jedoch war der Aristokrat Dogen (1200 bis 1253), der das chinesische Zen dem Temperament der herrschenden Militärklasse Japans anpaßte. Dogen war ein hochgestellter Adliger am kaiserlichen Hof; doch nach seiner Rückkehr aus China, wo ihm die Erleuchtung zuteil geworden war, mied er den Kaiserhof in Kyoto ebenso wie die Hauptstadt der Shogune in Kamakura. Er verbrachte den Großteil seines Lebens in abgeschlossenen Klöstern, in denen er seine Schüler zu plötzlicher Erleuchtung geleitete.

Seine Methoden waren drastisch und beruhten auf dem *zazen* (wörtlich: «in Meditation sitzen»): einer besonderen Art der Meditation im Sitzen mit untergeschlagenen Beinen. Diese über viele Stunden hinweg eingehaltene Position sollte die Leidenschaften des Zorns, des Verdrusses und der Selbstsucht unterdrücken und gleichzeitig das Denken beruhigen und entleeren. In einer seiner Abhandlungen schrieb Dogan: «Befreie dich von allen Bindungen und bringe die zehntausend Dinge zur Ruhe. Denke weder Gutes noch Böses und urteile weder richtig noch falsch. Bewahre den Fluß des Denkens, des Willens und des Bewußtseins; bringe alles Verlangen, alle Vorstellungen und Urteile zum Schweigen ... Der Körper muß aufrecht gehalten bleiben ... Ohren und Schultern, Nase und Nabel müssen dieser Haltung entsprechen. Die Zunge liegt am Gaumen, Lippen und Zähne bleiben fest geschlossen, während die Augen immer offen gehalten werden müssen.»

Dogens Schüler waren einem starren und strengen Regiment unterworfen. Zum Frühstück und zum Abendessen erhielten sie eine kleine Portion Reis, ihre Mittagsmahlzeit war zweifellos ebenso bescheiden. Für lange Zeiträume verharrten sie jeden Tag im schweigenden, reglosen *zazen*. Schliefen sie, so weckte sie der Zen-Meister mit seinem stets bereiten Stock. In der Nacht waren nur etwa sechs Stunden Schlaf erlaubt, und selbst dieser Schlummer wurde durch mehrere kurze *zazen*-Übungen unterbrochen. Der Lohn dafür konnte die Erleuchtung sein.

Zen gewann kaum Anhänger unter dem gewöhnlichen Volk, fand jedoch bei den mächtigen Militärs der Kamakura-Zeit vorbereiteten Boden. Mehrere Shogune und ihre Regenten wurden Zen-Anhänger. Diese verwegenen Adelskrieger hatten bereits ein strenges körperliches und geistiges Training hinter sich; die von den Anhängern des Zen verlangte Disziplin entsprach ihrer Lebenshaltung. Überdies galt bei ihnen das Gesetz des unbedingten

Der Kreis – ein Bild des Unsichtbaren – symbolisiert die Erleuchtung des Zen: der Schriftzug bedeutet: «Iß dies und nimm eine Tasse Tee» – nur die Ernährung des geistigen Selbst durch Meditation befähige den Menschen, die Bedeutung des Seins zu erfassen.

Gehorsams, auf dem die Struktur der feudalen Gesellschaft beruhte, und die Art der Zen-Schüler, jedem Wort ihres Zen-Meisters zu gehorchen, fand ihre Bewunderung. Eine andere Eigenart des Zen, an der die häufig ungebildeten Krieger Gefallen fanden, war seine anti-intellektuelle Einstellung. Dogen selbst war ein gelehrter Mann, der seine Anhänger aufforderte, die buddhistischen Sutras zu lesen; andere Zen-Meister dagegen verhöhnten jedes Buchwissen und verwarfen die Logik und alle Betätigung des Intellekts. Notwendig, so predigten sie, waren allein Disziplin und Standhaftigkeit.

Die hauptsächlichen Schutzherren des Zen, die Militärs, haben offensichtlich einen starken Einfluß auf die Sekte ausgeübt. Obwohl Zen ein Teil des Buddhismus ist und als solcher ein Gegner allen Blutvergießens sein sollte, waren die Zen-Meister bald die Verfechter des japanischen Schwertkultes.

Die Zen-Meister selbst lehrten zwar nicht die körperlichen Details des Fechtens; aber sie betonten die richtige moralische Einstellung. Bei einem

Gärten spielten in den Meditationen der Zen-Mönche eine so wichtige Rolle, daß der Grundriß ihrer Klöster oft fast nur als Rahmen des Ausblicks in die umgebenden Gärten angelegt wurde.

Die einfache Inneneinrichtung dieses Teils des Daisenin-Klosters in Kyoto, das im 16. Jahrhundert errichtet wurde, lenkt den Blick unwiderstehlich auf eine sorgsam angelegte Landschaft aus rauhen Felsblöcken, Bäumen und geharktem Kies.

Beschnittene Azaleenbüsche begrenzen einen Sandgarten des 17. Jahrhunderts bei Kyoto und suggerieren Berge jenseits einer Meeresfläche.

Zen-Meister, der um 1600 schrieb, heißt es, ein wirklich guter Zen-Fechter müsse sich während des Kampfes aller Gedanken an den Tod enthalten. Nur dann achte er nicht auf das Schwert seines Gegners — was verhängnisvoll wäre: täte er es, dann hielte sein Denken einen Augenblick lang inne und gestatte seinem Gegner den tödlichen Schlag. Statt dessen müsse er die gefährliche Aktion seines Gegners ignorieren. Nur wenn sein Denken pausenlos im Fluß bleibe, werde sein Schwert zu vollem Leben erwachen und ihm den Sieg bringen.

Vom Geld ist die Rede, von wem noch?

[62] Er wollte «beweisen, daß eine neue Art von Geld...

... besser sein kann als Gold und Silber». Der Mann, der dies schrieb, trat den Beweis auch an, allerdings nicht in seiner Heimat; die verließ er fluchtartig, nachdem er einen Kontrahenten im Duell getötet hatte. Als professioneller Spieler zog er durch die Welt, bis ihn Herzog Philipp von Orléans nach Paris holte, wo er die katastrophalen Staatsfinanzen mit seinem Wunderrezept sanieren sollte. Frankreich hatte damals so viele Schulden, daß die gesamten Staatseinnahmen nicht einmal zur laufenden Zinszahlung reichten. Der Mann, von dem hier die Rede ist, hatte mit seinem «System», wie er seine Finanzideen nannte, zunächst spektakulären Erfolg. Er gründete eine Bank und verhalf dem Regenten quasi über Nacht wieder zu Geld und Kredit. Daneben baute er eine Aktiengesellschaft auf, mit deren Hilfe er Amerika kolonisieren wollte. Mit dem sagenhaften Glück des Spielers gelang ihm fast alles. Er gründete New Orleans — den Namen erhielt die Stadt zu Ehren des Regenten — und schuf ein riesiges Siedlungswerk am Mississippi. Wer wollte, erhielt hier Land und Kredit, um Tabak, Kaffee und Zucker zu pflanzen. Eine freie Gesellschaft sollte hier leben, ohne Dirigismus, in religiöser und sozialer Freiheit — das war der Traum dieses Mannes, den Montesquieu dennoch einen der größten Förderer des Despotismus nannte, die je gelebt haben.

Die Aktiengesellschaft blühte auf, unser Mann mußte bald neues Kapital beschaffen, was ihm leichtfiel, da die Leute sich an der Börse um seine Aktien rissen. Der Kurs stieg bald ins Astronomische (Spitzenkurs: 9000). Doch dann brach der Kurs innerhalb kurzer Zeit zusammen, die AG brach zusammen, die Bank brach zusammen. Tausende von Aktionären sahen sich getäuscht, der Volkszorn richtete sich gegen das einst so gerühmte Finanzgenie; nur mit Mühe entkam er dem Lynchtod, mußte in die Verbannung gehen und wanderte die letzten neun Jahre seines Lebens wieder unstet durch die Welt als Spieler. Er starb in Venedig. Von wem war die Rede?

(Alphabetische Lösung: 12—1—23)

Einige Zen-Meister müssen als Buddhisten des mit dem Schwertkult verbundenen Blutvergießens wegen unbehagliche Schuldgefühle verspürt haben. Zumindest enthält die Literatur des Zen einige bemerkenswerte Hinweise darauf. D. T. Suzuki, ein führender Zen-Interpret der Moderne, schreibt: «Zum Schwert gehört im allgemeinen das Töten, und viele von uns fragen sich, wie es mit dem Zen, einer Schule des Buddhismus, die das Evangelium der Liebe und Gnade lehrt, in Zusammenhang gebracht werden kann. Tatsache ist jedoch, daß die Kunst der Schwertführung unterscheidet zwischen dem Schwert, das tötet, und dem Schwert, das Leben gibt. Das Schwert, das von einem Kriegsmann gehandhabt wird, kann nie über das Töten hinausgelangen, denn er greift nur zum Schwert, wenn er die Absicht hat, zu töten. Die Dinge liegen jedoch völlig anders, wenn jemand gezwungen ist, zum Schwert zu greifen. Denn dann ist es in Wirklichkeit nicht er, sondern das Schwert, das tötet. Er hat kein Verlangen danach, jemandem zu schaden, aber der Feind erscheint und macht sich selbst zum Opfer. Es ist, als vollführe das Schwert automatisch seine Funktion der Gerechtigkeit, die eine Funktion der Gnade ist . . . Nimmt man an, daß dies die Rolle ist, die das Schwert im menschlichen Leben spielt, dann ist es keine Waffe zur Selbstverteidigung und kein Instrument zum Töten mehr.»

Zen war und ist noch heute eine überaus anpassungsfähige Sekte. Sobald sie im Japan des 13. und 14. Jahrhunderts an Macht gewann, verzweigte sie sich in viele Richtungen und beeinflußte schließlich die meisten Gebiete des kulturellen Lebens. Die frühen Zen-Tempel der Kamakura-Zeit waren so einfach und streng wie die Prinzipien des Zen, doch bald wurden sie reicher ausgestattet – vermutlich dank der Beliebtheit der Sekte in den reichen herrschenden Schichten. Überdies wurden die Zen-Tempel zu wichtigen Förderern der Künste. Abgesehen davon, daß sie Wettkämpfe im Ringen, Fechten und Bogenschießen veranstalteten, um ihre weniger gebildeten Gönner aus der Militärkaste zu erfreuen, förderten sie auch Dichtung, Malerei, Schönschreibkunst und das Arrangieren von Blumen – diese bezaubernde und vielleicht japanischste aller Künste. Besondere Aufmerksamkeit widmeten sie der Gartengestaltung; zahlreiche berühmte japanische Gärten mit ihren sorgfältig arrangierten Steinen, Teichen und Moosbänken sind Schöpfungen des Zen. In einer von Kriegern beherrschten Zeit legten Künstler und Intellektuelle mit Hilfe des Zen den Grundstein einer Renaissance, die Japans Kultur in der Folgezeit zu neuem Glanz führen sollte.

Zum Bild auf den beiden folgenden Seiten:
Obwohl der Saihoji-Garten in Kyoto auf den ersten Blick den Eindruck unberührter Natur macht, wurde er in Wirklichkeit mit unendlicher Sorgfalt angelegt. Man grub einen Teich um zwei Inseln herum, der das japanische Schriftzeichen für «Herz» oder «Seele» darstellt, einen Schlüsselbegriff des Zen. Gemeint ist eine natürliche Spontaneität, die für erstrebenswert gehalten wird.

5. Das Land im Kriegszustand

Im 14. Jahrhundert fiel die Japan beherrschende Militärdiktatur einer neuen Adelsfamilie zu, der Ashikaga-Sippe. Politisch gesehen war ihre Regierung eine Katastrophe. Sie waren nicht fähig, die widerspenstigen Provinzbarone in Schach zu halten; ebensowenig konnten sie das Land daran hindern, in mehr als sechzig Fürstentümer auseinanderzubrechen, von denen jedes halb unabhängig und ständig damit beschäftigt war, mit seinen Nachbarn Krieg zu führen. Und dennoch gedieh Japan inmitten von Blutvergießen und Anarchie. Die Ashikaga lösten eine Periode bemerkenswerten Glanzes aus, in der Bevölkerung und Reichtum wuchsen, die Künste wie nie zuvor blühten und das japanische Volk sich zum erstenmal in seiner Geschichte auch fern von seinen geschützten Inseln bemerkbar machte. Japanische Seefahrer – zumeist Piraten – hatten den japanischen Einfluß auf die ostasiatischen Meere und Küsten ausgedehnt. Obwohl hoffnungslos gespalten, war die Inselnation reich und kultiviert, bereit, ihre ersten europäischen Besucher zu beeindrucken.

Sowohl den Erfolgen wie auch dem Versagen des Shogunats der Ashikaga lag ein scheinbar unbedeutendes geographisches Detail zugrunde. Die Ashikaga errichteten ihr Hauptquartier in der alten Hauptstadt Kyoto. Als Japans erster Shogun Yoritomo gegen Ende des 12. Jahrhunderts die Macht ergriff, hatte er Kyoto bewußt gemieden; er fürchtete, daß die feingeistige Aristokratie des kaiserlichen Hofes seine Soldaten korrumpierte. Wie seine Nachfolger glaubte auch er, daß die Spitze der feudalen Pyramide in Kamakura besser untergebracht sei. Aber die Ashikaga-Shogune fanden keinen Geschmack an einem Leben im rauhen Klima der östlichen Provinzen. Obwohl sie ein zweites Hauptquartier in Kamakura unterhielten, verbrachten sie den größten Teil ihrer Zeit in prächtigen Palästen, die sie in einem Teil Kyotos errichteten, der heute als Muromachi-Viertel bekannt ist. Und dann trat genau das ein, was Yoritomo vorhergesehen hatte: durch die ständige Berührung mit dem Hof litt die Moral der Beamten des Shogunats.

Jener Teil der japanischen Hauptstadt, in dem die Ashikaga-Shogune sich in großem Luxus niederließen, gab seinen Namen einer Epoche des 15. und 16. Jahrhunderts, der Muromachi-Ära, in der Japans Kunst und Kultur ihren strahlenden Höhepunkt erreichten.

Das Gemälde einer Berglandschaft beschreibt das Vergnügen des Wasserfall-Betrachtens. (Muromachi-Periode 1336–1573)

Anfangs benahmen sich die Adligen aus der Provinz, die sich in Kyoto niederließen, wie Parvenüs: Sie verachteten die höhere Kultur und gerieten gleichzeitig in ihren Bann. Viele Geschichten erzählen von den Beleidigungen, die sie und ihre Gefolgsleute der verarmten Elite der Hauptstadt und sogar der machtlosen kaiserlichen Familie zufügten. Einmal sprach ein betrunkener und anmaßender Soldat einen ehemaligen Kaiser (im Japanischen *In* genannt) auf den Straßen der Hauptstadt rüde an. Als ihn ein Angehöriger des kaiserlichen Gefolges zur Ordnung rief, schrie der Soldat: «Von welchem *In* redest du eigentlich? Meinst du einen *Inu* [Hund] – dann erschieße ich ihn!» Der Krieger und seine Begleiter schossen Pfeile auf den Wagen des In ab und zerschnitten das Geschirr der Ochsen, so daß die Tiere davonrennen konnten. Der ehemalige Kaiser stand auf der Straße, die Augen voller Tränen über die Schmach, die ihm widerfahren war.

Diese Periode der Spannung dauerte nicht lange. Die Anhänger der Ashikaga freundeten sich mit dem Hochadel von Kyoto an, so gut sie konnten; sie imitierten ihre vielfältigen Anstandsregeln und renommierten damit, in ihren Kreisen zu verkehren. Einige der Provinzbarone heirateten in alte Familien ein. Während der Regierungszeit Yoshimitsus, des bemerkenswertesten der Ashikaga, der von 1367 bis 1394 Shogun war und danach bis zu seinem Tode im Jahre 1408 inoffiziell weiterregierte, zogen viele der mächtigsten Familien Japans in die Hauptstadt und wetteiferten mit Yoshimitsu in der Förderung der Künste und im Gebrauch guter Umgangsformen.

Dieses Einströmen von Macht und Reichtum brachte die alte Stadt wieder zum Leben; sie zog Künstler und Gelehrte an. Eine wesentliche Rolle im Rahmen dieser Renaissance spielte der Zen-Buddhismus; während der frühen Feudalzeit zur Religion der Oberklasse aufgestiegen, war er jetzt stärker als je zuvor. Seine Zentren hatten sich von bescheidenen Einsiedeleien zu imposanten Bauwerken mit geschwungenen Ziegeldächern entwickelt, und die Priester des Zen waren keine Eremiten mehr, die sich dem Schweigen und der Meditation widmeten. Sie traten als politische Ratgeber, Diplomaten und Experten in Rechts- und Finanzproblemen in die Dienste der neuen Militärherrscher und entwickelten ein neues System der Buchführung, um die großen Vermögen ihrer Tempel gewinnbringend anzulegen. Sie leiteten Japans führende Universität, in der chinesische Philosophie und die klassischen chinesischen Wissenschaften gelehrt wurden, und begründeten ein ausgedehntes Schulsystem, um junge Leute in Schreiben und Lesen und sittlichem Verhalten zu unterrichten.

Mönche treiben Handel. Die christlichen Kleriker des europäischen Mittelalters taten weitgehend das gleiche, und sie taten es aus dem gleichen Grund: um ein Gegengewicht zur Unwissenheit der feudalen Aristokratie zu schaffen. Aber die Kleriker des Zen gingen noch weiter: sie finanzierten und organisierten Japans Außenhandel. Yoshimitsu war ein extravaganter

Shogun; seine kostspieligen Kunstsammlungen und das unbekümmerte Erbauen von Palästen, Tempeln und Klöstern stürzten ihn in Schulden, die das Steueraufkommen der Regierung und die Einkünfte aus dem Grundbesitz seiner Familie nicht decken konnten. Die scharfsinnigen Zen-Mönche schlossen die Finanzlücke vermittels der Profite aus dem offiziell geförderten Chinahandel, der Quelle vieler Luxuswaren, für die reiche Japaner gern hohe Summen bezahlten.

Die Mönche waren keine Neulinge auf dem Gebiet des Handels. Bereits im Jahre 1342 hatten sie die ersten Regungen einer chinesischen Rebellion gegen die Mongolenherrschaft ausgenützt und ein Schiff für den Chinahandel bauen lassen; die Profite, die es abwarf, sollten einem Tempel zugute kommen. In der Folgezeit begann dieser Handel, an dem sich zahlreiche Tempel und Klöster, aber auch Feudalherren im Südwesten Japans beteiligten, langsam zu wachsen. Die Schiffe hatten gewöhnlich Geschenke für den Ming-Kaiser an Bord. Die selbstbewußten Chinesen betrachteten die Geschenke als eine Art Tribut; die Japaner wehrten sich nicht offen gegen diese Annahme, denn die Gegengeschenke der Chinesen waren gewöhnlich weit wertvoller als der «Tribut», den sie empfangen hatten.

Den Chinesen lag nicht viel am Handel mit den Japanern oder mit anderen Völkern. Aber ihnen lag daran, die japanischen Piraten loszuwerden, die ihre Küsten heimsuchten; und wenn es darum ging, dieser Plage ein Ende zu machen, waren sie zu Zugeständnissen bereit. Sie wandten sich an Yoshimitsu, den ersten Ashikaga-Shogun, der in Westjapan über wirkliche Macht verfügte, und bald tauschte er über seine Zen-Berater Briefe mit dem chinesischen Hof aus. Im Jahre 1402 erbrachten die Verhandlungen die ersten greifbaren Ergebnisse. Yoshimitsu, der inzwischen als ehemaliger Shogun regierte, sicherte den Chinesen als Gegenleistung für einen lukrativen Handel die Vernichtung der Piraten zu. Seine Streitkräfte griffen die Nester der Piraten auf den Inseln Iki und Tsushima in der Korea-Straße an und schickten einen Trupp Gefangene nach China. Die Beamten des chinesischen kaiserlichen Hofes sandten sie mit Dank den Japanern zurück, die sie bei lebendigem Leibe kochten. Einem zeitgenössischen chinesischen Bericht zufolge wurde der große Kupferkessel, in dem die Strafe vollzogen worden war, als Warnung für noch ungekochte Piraten öffentlich ausgestellt.

Nach diesem «freundschaftlichen Austausch» blühte der Handel mit China unter dem Schutz beider Länder, in Japan jedoch von reichen Klöstern organisiert, die Kaufleute aus den Küstenstädten mit seiner Durchführung betrauten. Vor allem wurden Rohseide, Brokat und Porzellan aus China importiert, dazu chinesische Kupfermünzen, die in der Ashikaga-Zeit auch in Japan als Zahlungsmittel dienten. Die Japaner bezahlten diese Waren mit dem Schwefel ihrer vulkanischen Inseln und mit ihren wunderbaren Schwertern. Kunstgegenstände reisten in beiden Richtungen: die Japaner boten Fächer und bemalte Wandschirme an, die Chinesen lieferten Bücher

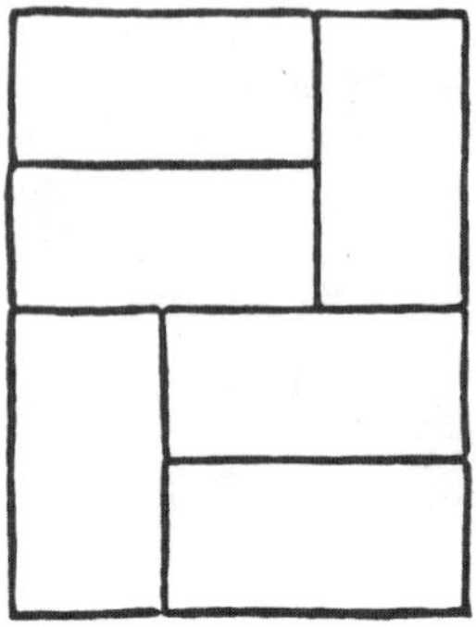

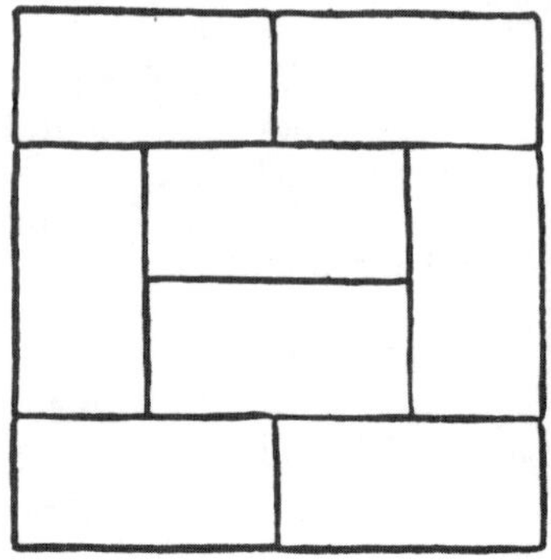

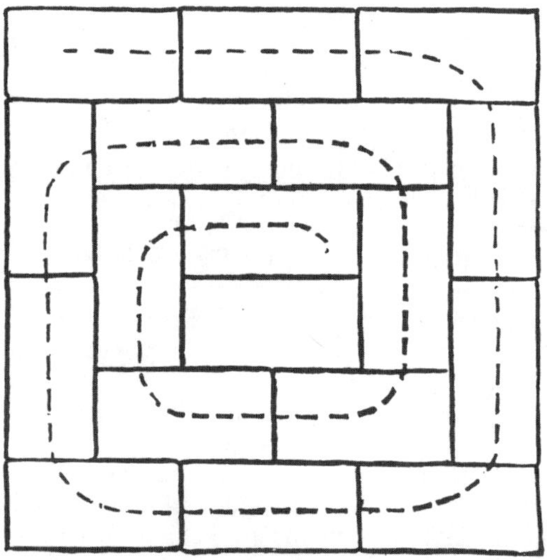

Fußbodenmatten oder «tatami» (rechts ein Foto) gehörten unbedingt zur Hauseinrichtung der Adelspaläste im Kyoto des 15. Jahrhunderts. Alle Matten hatten die gleichen Maße, ungefähr 90 mal 180 Zentimeter. Beim Bau eines Hauses wurden die Größe der Räume nach der Anzahl der zu verlegenden Matten geplant. Kleinere Räume enthielten jeweils 6 oder 8 Matten. Man arrangierte die Matten in Mustern, die sich in größeren Räumen (unten) zu Spiralornamenten ordneten.

und Gemälde. Für die Mönche dürfte dieser kulturelle Austausch ebenso wichtig gewesen sein wie die finanziellen Profite.

Der Handel mit China, besonders das Einströmen chinesischer Münzen, versetzte den Westen Japans in eine Atmosphäre hektischer Prosperität. Viele Städte nahmen an Größe und Reichtum zu, und ein wohlhabender Kaufmannsstand sammelte sich um die Häfen. Der wichtigste Hafenort war Sakai in der Nähe des heutigen großen Industriezentrums Osaka. Seine reichen Kaufleute stellten Verschreibungen aus, die in mancher Hinsicht den heutigen Schecks entsprachen, mieteten zum Schutz ihrer Schiffe be-

waffnete Flotten und verliehen Geld an verschwenderische Aristokraten, von denen Ashikaga Yoshimitsu selbst der bedürftigste war. Während seines Shogunats steckte er ungeheure Summen in den «Palast der Blumen», seine elegante Residenz im Muromachi-Viertel von Kyoto, und bevor er im Jahre 1394 abdankte, hatte er vorsorglich ein prachtvolles Kloster erbauen lassen; der berühmte Goldene Pavillon, ein reich vergoldetes Gebäude mit Wohnräumen, Hallen zur Unterhaltung und einem Raum für stille Meditation war ein Teil dieses Klosters.

Revoltierende Bauern. Die späteren Ashikaga-Shogune waren kaum weniger ausschweifend als Yoshimitsu, aber nicht so stark wie er; je deutlicher sich ihre Schwäche zeigte, desto mehr änderte sich im Land. Immer mehr Daimyos fühlten sich stark genug, das Shogunat herauszufordern, indem sie ihre Besitztümer als praktisch unabhängige Gebiete regierten; örtliche Eroberungszüge waren an der Tagesordnung. In schwach regierten Provinzen trotzten die Vasallen ihren Herren, und ihre eigenen Vasallen trotzten ihnen. Kaufmannsgilden befestigten ihre Städte und mieteten Soldaten zum Schutz ihrer Warenlager vor Banditen. Einige Daimyos sorgten auch in ihren Lehen für Ordnung; in anderen Gebieten revoltierten sogar die Bauern, griffen Steuereinnehmer an und plünderten Kornspeicher. Manchmal waren die Bauern auch organisiert und wurden von *ji-samurai* geführt, kleinen unabhängigen Grundbesitzern aus Kriegerfamilien, die über Waffen verfügten und mit ihnen umzugehen wußten.

Diese aufrührerischen Bauernbanden verjagten die Beamten des Shoguns aus den Provinzen oder setzten den lokalen Daimyo ab, um an seiner Stelle zu herrschen. Ihre Macht wuchs nach 1400 immer mehr. Im Jahre 1428 verursachte ein Bauernaufstand Aufruhr in den Provinzen rings um Kyoto. 1441 drangen revoltierende Bauern in die Hauptstadt selbst ein und bedrängten den jetzt völlig machtlosen Shogun. In mehreren Provinzen bewaffneten sich die den niederen Klassen enstammenden Angehörigen der Amidisten-Sekte und stürzten Feudalherren. Kaufleute, die mit ihnen im Bunde standen, kauften Reis auf und drohten Kyoto mit Aushungerung. Räuber und Banditen zogen am hellichten Tag durch die Straßen, brachen in Häuser ein oder setzten sie in Brand. Es war eine Zeit, in der «die Niederen die Hohen unterdrückten», wie es in einer Redewendung der bestürzten Japaner hieß.

Ein kunstverständiger Shogun. Während dieser Periode fast völligen Durcheinanders leitete ein Mann die Regierung Japans, in dem sich die unberechenbare Art der Ashikaga charakteristisch ausprägte: Yoshimasa, der Enkel Yoshimitsus, der im Jahre 1449 Shogun wurde. Er war ein bemerkenswert unfähiger Herrscher; er regierte praktisch überhaupt nicht, wenn man davon absieht, daß er unbekümmert Schuldenerlasse verfügte, die die Verwirrung nur noch steigerten. Er stand sehr unter dem Einfluß von Frauen – einer Schar von Lieblingsmätressen und vor allem seiner habgierigen Ehefrau. Diese kluge und skrupellose Dame durfte ihr Privateinkommen erheblich aufbessern, indem sie den Reismarkt manipulierte und von Adligen wie von Bürgerlichen Bestechungsgelder annahm. Yoshimasa hinderte sie auch nicht daran, illegale Steuern zu erheben; einmal eignete sie sich sogar Geld an, das für geplante Arbeiten am kaiserlichen Palast bestimmt gewesen war. Eine populäre Redensart jener Zeit besagte, daß sich «der Reichtum des Landes» in ihre Hände ergoß.

Trotz solchen Versagens erinnern sich viele moderne Japaner gern an Yoshimasa, denn als aufrichtiger Förderer der Künste übertraf er alle früheren Shogune bei weitem. Während seiner Regierungszeit erreichte die kulturelle Renaissance, die ungefähr ein halbes Jahrhundert zuvor in Kyotos luxuriösem Muromachi-Viertel begonnen hatte, ihren größten Glanz. In Yoshimasas Palast, einem wahren Museum von Meisterwerken chinesischer Malerei, chinesischen Porzellans und chinesischer Schönschreibkunst, sammelten sich die führenden Künstler und Intellektuellen jener Zeit. Der Shogun begnügte sich nicht damit, schöpferische Persönlichkeiten zu ermutigen; seine Begeisterung für die ästhetischen Prinzipien des Zen beeinflußte sie und trug dazu bei, einen schlichten, zurückhaltenden Stil zu schaffen, der noch heute die japanische Kunst charakterisiert.

Andere Unternehmungen Yoshimasas jedoch waren weniger zurückhaltend. Zu seinen Extravaganzen gehörten Feste, die, einem zeitgenössischen Bericht zufolge, das Land an den Rand des Bankrotts brachten. Die Beschreibung eines dieser Feste läßt klar erkennen, weshalb sie so kostspielig waren: «Für den Ausflug zum Blumenbetrachten wurde ein Festmahl mit tausend Delikatessen vorbereitet. Das Gefolge des Shoguns erhielt Eßstäbchen aus Gold, die Eßstäbchen der anderen Gäste waren aus Sandelholz und mit Edelmetallen eingelegt. Die Gäste brachten große Opfer, um ihre Kostüme herzurichten. Ihre Ausgaben waren so hoch, daß sie gezwungen waren, ihren gesamten Besitz zu verpfänden und ihre Wertgegenstände zu verkaufen. In den Provinzen wurden Steuern erhoben, und das Einziehen der Land- und Haushaltssteuern wurde mit besonderem Nachdruck betrieben. Bauern und Landbesitzer litten furchtbar darunter. Der Mittel, weiter zu säen und zu ernten, beraubt, verließen sie ihre Felder, wurden zu Bettlern. In den meisten Weilern und Dörfern im Lande verwilderte das Ackerland.»

Teetrinken — eine Kunst. Yoshimasa war auch der erste große Förderer der Teezeremonie, jenen bemerkenswerten Komplexes typisch japanischer Lebensart. Ihrem Wesen nach ist die Zeremonie ein stilles Treffen von Freunden, die sich versammeln, um miteinander Tee zu trinken und von ihrem Gastgeber ausgestellte Kunstwerke zu bewundern. Die nahezu rituelle Art, in der dieses Treffen durchgeführt wird, verleiht ihm seine Bedeutung und Schönheit. Als Ort wird ein kleines, besonderes Gebäude bevorzugt, einfach, aber kunstvoll ausgestattet, errichtet in einer Ecke eines sorgfältig angelegten Gartens. Nur wenige Gäste werden eingeladen, und der Gastgeber serviert eine Mahlzeit und danach den Tee selbst — die Zeremonie dauert mehrere Stunden und läßt Zeit für die bedächtige Würdigung der Kunstgegenstände seiner Sammlung. Diese reizvolle, der Muromachi-Periode entstammende Zeremonie ist auch im modernen Japan noch lebendig; allerdings werden heute auch junge Mädchen dazu ausgebildet, den Tee auf die vorgeschriebene Weise zu servieren und die schönen

Utensilien und Kostüme mit anmutigen Bewegungen zur Geltung zu bringen.

Der Tee, der im Mittelpunkt der Zeremonie steht, ist chinesischen Ursprungs (die Chinesen tranken ihn mit Salz, Ingwer und sogar Zwiebeln vermischt), aber ein populärer Mythos schreibt seine Entdeckung dem indischen Mönch Bodhidharma zu, der neun Jahre lang meditierend eine kahle Wand betrachtete, bevor er ein Buddha wurde. Die Legende berichtet, daß ihn bei seinen langen Meditationen der Schlaf störte, und daß er, um ihn zu verscheuchen, seine Lider abschnitt und auf den Boden warf. Dort schlugen sie Wurzeln und wurden zu Teepflanzen, deren Blätter einen Trank ergaben, der den Schlaf vertreibt. Erst später wurde der Tee seines Aromas wegen bewundert. Den Mönchen ging es vor allem um das schlafhindernde Coffein, das er enthält.

Buddhistische Mönche brachten den Tee nach Japan, bevor der Zen-Buddhismus populär wurde, aber in den Zen-Klöstern bekam sein zeremonieller Gebrauch Bedeutsamkeit. Anfangs versammelten sich ein paar miteinander befreundete Mönche oder Schüler in einem einfachen, kahlen Raum und tranken vor einer Buddha-Statue pulverisierten grünen Tee aus einem gewöhnlichen Gefäß. Wurde während dieser Zusammenkunft überhaupt gesprochen, so waren die Worte leise, und die Stimmung war zwar gesellig, aber trotzdem der Meditation verwandt, die den frühen Zen bestimmte.

Diese einfache Zeremonie entwickelte sich während der Muromachi-Periode zu einem ausgedehnten Kult, der großen Einfluß auf japanische Kunst, Architektur und gesellschaftliches Brauchtum hatte. In Yoshimasas Zirkel trat die ästhetische Würdigung an die Stelle des religiösen Elements. Die Zen-Mönche, die den Shogun berieten, ermutigten ihn, Bilder und Keramiken, von denen einige sehr alt waren, in großem Stil zu sammeln, damit seine Freunde sie beim Tee betrachten und über sie diskutieren konnten. Die Teezeremonie fand gewöhnlich in einem kleinen, einfachen

Im 15. und 16. Jahrhundert war Japan ständig von innenpolitischen Auseinandersetzungen beunruhigt. Aber die Menschen dieser Zeit fanden einen Ausweg aus den ständigen Kämpfen in der Teezeremonie, einem Ritual von schlichter Vornehmheit, das sich in dieser Epoche entwickelte. Ihrem Wesen nach war die Teezeromonie nicht mehr als die Zusammenkunft einiger Freunde in einem kleinen Haus, das in einem abseits gelegenen Garten stand; ihr Sinn lag darin, Tee zu trinken und über ein Kunstwerk zu sprechen — oft ein Tee-Utensil, das gerade gebraucht wurde. Der Garten des Teehauses war nach einem vorgeschriebenen Plan angelegt. Ein Eingangspfad (links) führte in den äußeren Garten und zu einer Hütte, in der sich die Gäste versammelten. Mit dem Teemeister begaben sie sich dann in den inneren Garten. Dort vollzogen sie ein Ritual der Reinigung, indem sie mit Wasser aus einem Becken (s. a. S. 113) Mund und Hände spülten, bevor sie durch eine niedrige Tür (s. a. S. 115) das Teehaus betraten. Dieser Sandsteinpfad führt zum Eingang von Ura-Senke, einem Teegarten in Kyoto.

Raum statt, in einem Gebäude nahe dem sogenannten Silbernen Pavillon, den Yoshimasa auf dem Higashiyama-Hügel außerhalb Kyotos hatte erbauen lassen. Dieser Teeraum, der noch besteht, gilt als Prototyp aller späteren Teeräume, und seine schlichte, aber geschmackvolle Ausstattung spiegelt sich noch heute in den japanischen Häusern.

Von Yoshimasas Schätzen ist vieles erhalten geblieben. Über Jahrhunderte kriegerischer Auseinandersetzungen hinweg wurden sie versteckt, geschützt, vor Gefahren gerettet. Über ihre Eigentümer und ihr Geschick gibt es ausführliche Berichte. Obwohl die meisten dieser «Higashiyama-Stücke» klein und unauffällig sind, sind sie heute praktisch nicht zu bezahlen. Das berühmteste Stück ist vermutlich ein irdener Teekrug. Er ist zehn Zentimeter hoch und beeindruckt nur wirkliche Kenner. Aber der Zen-Patriarch Dogen brachte ihn mit, als er im Jahre 1227 aus China zurückkehrte, und für die Japaner, die sich für jede Antiquität begeistern, genügt das, um in ihm einen Nationalschatz zu sehen.

No-Spiele und Tuschmalerei. Die Bewunderung für einfache, aber elegante Schönheit, die die Teezeremonie mit sich brachte, übte zu Yoshimasas Zeit einen starken Einfluß auf die verschiedenen Gattungen der Kunst. Im Gegensatz zu früheren Zeiten beschränkte sich das Kunstverständnis nicht mehr ausschließlich auf sterile Aristokraten- und Mönchszirkel. Auch die Kriegerbarone in den Provinzen waren längst Kenner nicht nur feiner Schwerter, sondern auch der Malerei und kostbaren Porzellans, und reiche Kaufleute verwandten gewaltige Summen auf das Sammeln seltener Kunstwerke.

Eine bedeutende Kunst, die unter Yoshimasas Gönnerschaft zur Blüte gelangte, war die Tuschmalerei: von strenger Einfachheit in Lavierung und Linie bestimmte Bilder, die zu den schönsten Leistungen der Japaner gehören. Die Gemälde — im allgemeinen idealisierte, impressionistische Darstellungen von Landschaften, Figuren, Vögeln und Blumen — bezogen ihre Technik und Inspiration aus der chinesischen Kunst. Aber die japanischen Künstler wandelten das chinesische Erbe auf ihre eigene Art ab und durchdrangen ihr Werk mit einer für sie charakteristischen eigenen Vitalität.

Zu den großen Meistern dieser Art von Malerei gehörte ein Zen-Mönch namens Sesshu, der zu Yoshimasas Zeit Maßstäbe für alle späteren japanischen Tuschmaler setzte. Besonders berühmt sind Sesshus großartige Landschafts-Rollbilder. Zwei dieser umfassenden Panoramen von Wasser, Bergen und schneebedeckten Tempeln existieren noch; das längere mißt etwa sechzehneinhalb Meter. Beide verkörpern die von Yoshimasa bewunderte und geförderte Zurückhaltung und subtile Einfachheit: wenige geschickte, kühne Pinselstriche skizzieren einen von Wind gebeugten Baum und die zerklüfteten Felsen unter ihm; Schiffe treiben auf einem nebligen See oder Meer; vor dem in zarten Farbtönen gemalten Himmel erheben sich die Gipfel ferner Berge, oft nur eine kaum noch sichtbare Andeutung.

Eine andere Kunst, die von Yoshimasas Gönnertum profitierte, war die typisch japanische Dramenform des No, eine Ausprägung des Theaters, die auch im modernen Japan noch lebendig ist. Das No-Spiel hatte sich unter den frühen Ashikaga-Shogunen aus populären Gesangs- und Tanzvorführungen der Heian-Zeit zu einer hochverfeinerten und stilisierten Theaterform entwickelt, die durch Yoshimasas begeisterte und großzügige Unterstützung noch weiteren Schliff erhielt. Auf einer einfachen Bühne ohne Dekorationen dargestellt, war das Spiel gewöhnlich (wie noch heute) eine historische Romanze, in der sich die Musik von Trommel und Flöte mit Tanz, herrlichen Kostümen, poetischem Dialog und symbolischer Pantomime verband. Die Masken der Hauptdarsteller, die nicht nur menschliche, sondern auch übernatürliche Charaktere darstellten, waren oft Meisterwerke der Bildhauerkunst. Yoshimasa war von dieser Art der Unterhaltung so begeistert, daß er die No-Vorstellungen in den Rang besonderer Hoffeste erhob; im Jahre 1464 dauerte ein solches, vom Shogun besuchtes No-Fest,

Über einem Wasserbecken von Ura-Senke liegt eine Schöpfkelle. Ursprünglich dienten diese Becken der Reinigung vor dem Betreten von Tempeln (s. a. S. 111).

bei dem an jedem zweiten Tag mehrere Stücke gegeben wurden, eine volle Woche.

Der Onin-Krieg. Für den Charakter der kunstsinnigen, aber auch kriegerischen Japaner ist vielleicht kennzeichnend, daß zur gleichen Zeit, als der ästhetische Shogun Yoshimasa mit Künstlern, Dichtern und Dramatikern verkehrte und die Nuancen der Teezeremonie entwickelte, die Gewalttätigkeit in Japan einen entsetzlichen Höhepunkt erreichte. Im Jahre 1467 begann der Onin-Krieg, das Vorspiel einer blutigen Ära des Bürgerkriegs — *Sengoku Jidai,* das Zeitalter des «Landes im Kriegszustand» —, die bis zum Ende des 16. Jahrhunderts andauern sollte. Den Vorwand für den Onin-Krieg lieferte ein Streit über die Wahl der Nachfolger Yoshimasas. Es ging nicht um Prinzipien, nicht einmal um angebliche Ergebenheit gegenüber Kaiser oder Shogun. Der Krieg war nichts anderes als ein Machtkampf zwischen Gruppen von Adligen, die von mächtigen Kriegern geführt wurden.

Der Kampf dauerte nahezu elf Jahre und wurde vorwiegend in und um Kyoto ausgefochten. Ganze Heere marschierten auf, kämpften in den Straßen, brannten Tempel und Paläste nieder. Ein Großteil der Stadt wurde zerstört, viele Einwohner flohen. Nach größeren Schlachten häuften sich die Leichen auf den Straßen, und Wagenladungen voll abgeschlagener Köpfe wurden als Trophäen gesammelt. Einer von Yoshimasas Beamten schrieb ein kurzes Gedicht darüber: «Nun ist die Stadt, die ihr kennt, ein leerer Morast; die Lerche steigt am Abend auf, während eure Tränen fallen.»

Yoshimasas Palast und der Silberne Pavillon entgingen der Zerstörung; als jedoch der Onin-Krieg im Jahre 1477 zu Ende ging, waren die Ashikaga-Shogune «machtlose Puppen» in der Hand jedes Kriegsherrn, der die Hauptstadt gerade beherrschte. Die Kaiser waren ohne Macht und ohne Geld. Zu keiner anderen Zeit in Japans Geschichte waren sie so völlig mittellos. Da ihnen kein offizielles Einkommen zustand, mußten sie sich damit begnügen, wertlose Ehrentitel zu verkaufen, wenn sie einen Käufer fanden. Von einem Kaiser hieß es sogar, er habe seine Familie unterhalten, indem er eigenhändig in eleganter Schönschrift Gedichte schrieb und sie an Sammler verkaufte. Im Jahre 1500 blieb der Leichnam des Kaisers Go Tsuchimikado sechs Wochen lang unbeerdigt, weil es an Geld für das Begräbnis fehlte, und die Thronbesteigung seines Nachfolgers wurde aus dem gleichen Grunde zwanzig Jahre lang aufgeschoben.

Hand in Hand mit der Auflösung der Zentralregierung ging die Auflösung der alten sozialen Ordnung — ein Prozeß, der um so schneller vorangeschritten war, je deutlicher die Schwäche der Ashikaga-Shogune hervortrat. Im Zeitalter des «Landes im Kriegszustand» verarmten viele alte Familien oder starben aus. An ihre Stelle traten emporgekommene Soldaten ohne aristokratische Ahnentafel. Sie waren keiner der großen, weitverbreiteten Sippen wie den Taira oder Hojo der früheren Zeit zur Treue ver-

Die Tür des Teehauses von Ura-Senke ist so niedrig, daß man das Haus nur kniend betreten kann; solche Türen heißen «bescheidener Eingang» (s. a. S. 111).

pflichtet; ihre Familien waren Familien im modernen Sinne, Gruppen von Menschen, die durch Blut oder Heirat miteinander verwandt waren. Der Ehrgeiz jedes Mannes bestand darin, den Reichtum und das Ansehen seiner unmittelbaren Familie so weit wie möglich zu vergrößern.

Dieses Bestreben brachte viele soziale Neuerungen mit sich, zu denen auch eine Art Primogenitur (das Recht eines Erstgeborenen) gehörte. Während der stabilen Hojo-Regierung im 13. und 14. Jahrhundert konnte ein Landbesitzer es wagen, sein Land testamentarisch unter allen seinen Kindern aufzuteilen — sogar unter den Töchtern. Selbst wenn jeder nur wenig Land bekam und dadurch nur wenige Gefolgsleute hatte, schützte ihn die starke Macht der Hojo-Regierung. Unter dem machtlosen Ashikaga-Shogunat hingegen empfahl sich eine solche Aufteilung nicht mehr. Gab es zu viele Erben, so waren sie möglicherweise nicht stark genug, sich vor gierigen Aggressoren zu verteidigen. Sie konnten ihr Land verlieren, und die Familie als Ganzes konnte auf eine niedrigere soziale Stufe absinken. Das mußte um jeden Preis vermieden werden.

Und folglich entwickelte sich ein neuer Brauch. Ein Vater vermachte den Großteil seines Besitzes einem seiner Söhne — nicht unbedingt dem erstgeborenen, sondern dem begabtesten, ja gegebenenfalls sogar einem Adoptivsohn, wenn keiner seiner Söhne in der Lage schien, das Prestige der Familie zu wahren. Die Töchter blieben unberücksichtigt, weil man meinte, sie seien nicht fähig, den Landbesitz der Familie zu erhalten. Zu Beginn der Epoche des «Landes im Kriegszustand» war die Unterordnung der japanischen Frauen bereits weit fortgeschritten.

Gleichzeitig mit diesen neuen Erbbräuchen entwickelte sich eine neue und reifere Art des Feudalismus. Seine Regeln und Treueverhältnisse wurden nicht mehr, wie in der Hojo-Zeit, von oben bestimmt. Die Schattenregierung in Kyoto hatte nicht die Macht, irgend etwas zu bestimmen. Statt dessen erließ jeder Daimyo, der über ein selbstverwaltetes Gebiet verfügte, seine eigenen Gesetze, die gewöhnlich überlieferte Bräuche mit neuen, der Zeit angemessenen Bestimmungen verbanden. Die meisten dieser Familien-Kodizes wahrten ihren streng autokratischen Charakter und vereinigten fast alle Rechte in der Person des Daimyo; aber ihre Bestimmungen wurden nur selten wörtlich befolgt, und das Bild des Lebens, das sich in ihnen spiegelt, ist keine völlig zutreffende Schilderung der japanischen Gesellschaft.

Für die niederen Bevölkerungsschichten Japans war die Ära des «Landes im Kriegszustand» sogar eine Art Zeitalter der Freiheit. In manchen Provinzen verbündeten sich die kleinen Landbesitzer, fegten die Gesetze der Daimyos beiseite und übernahmen die Lokalregierung; in anderen waren die *ji-samurai* (bäuerliche Landbesitzer kriegerischer Abstammung) so zahlreich, gut bewaffnet und kriegerisch, daß es sich empfahl, ihre Wünsche — und nicht die der Daimyos — zu berücksichtigen. Auch den Handwerkern ging es häufig besser als zuvor; trotz drastischer Gesetze, die darauf abzielten, sie an ihrem Wohnort zu halten, verließen viele von ihnen ihre heimatlichen Lehen, um in die wachsenden Städte zu ziehen, wo ihre Arbeit besser bezahlt wurde.

Als das neue, von unten her gewachsene Feudalsystem Form annahm, spaltete sich Japan in viele kompakte, unabhängige Gebiete mit festumrissenen, wenn auch manchmal veränderten Grenzen. An der Spitze jedes dieser Gebiete stand ein Krieger-Daimyo, der seine Position ererbt oder in einem Krieg gewonnen, beziehungsweise erweitert hatte. Da es keine Zentralgewalt gab, die ihn stützte, wie es in der Hojo-Zeit der Fall gewesen war, war seine Macht und persönliche Sicherheit ganz und gar von der Unterstützung durch die niederen, landbesitzenden Familien seines Gebietes abhängig. Er verteidigte sie und überwachte sie sorgfältig, damit sie sich nicht gegen ihn zusammenrotteten oder unter den Einfluß eines anderen Herrn gerieten. In einigen Lehen gelang es dem Daimyo, die Macht und das Ansehen seiner eigenen Familie zu stärken, indem er jeden Landverkauf, jede Besitzteilung und jede Eheschließung kontrollierte — und nicht etwa nur in den Familien der Samurai, sondern auch in denen der niederen Klassen. In den Familien seiner Vasallen geschah das gleiche: Jede noch so kleine Entscheidung wurde vom Familienoberhaupt getroffen, das stets versuchte, die Stellung der Familie zu wahren, und sei es auf Kosten ihrer einzelnen Mitglieder. So kam es, daß die Ära des «Landes im Kriegszustand» zwar ein gewisses Maß an ständischer Freiheit mit sich brachte, die individuelle Freiheit jedoch beseitigte; innerhalb der Familie hatte nur ihr Oberhaupt die Möglichkeit zu eigener Initiative.

Kriegstaktik und Piraterie. Hätte es nicht den Ausweg des Krieges gegeben, so wäre ein solches System — zumindest für die jungen Männer — unerträglich gewesen. Die meisten großen Landbesitzer und auch viele der kleineren streiften ständig umher — in der Hoffnung, einen Nachbarn in einer ungünstigen Situation anzutreffen und sein Gebiet dem eigenen einverleiben zu können. Stand einer dieser räuberischen Anführer im Ruf eines erfolgreichen Aggressors, so fehlte es ihm nie an abenteuerlustigen jungen Anhängern. Nicht alle diese Rekruten waren Samurai; die prächtigen berittenen Kriegerpulks der alten Zeit waren größeren Einheiten gewichen, zu denen zahlreiche mit Speeren und anderen verhältnismäßig billigen Waffen ausgerüstete Fußsoldaten gehörten. Die Kriegerbarone, die solche Heere anführten, stellten sich nicht mehr, wie die Ritter der Vergangenheit, in romantischem Zweikampf. Vielmehr lernten die Begabtesten unter ihnen, ihre Streitkräfte anzuführen und die Vorteile des Terrains auszunutzen. Bemerkten sie unter ihren Anhängern niederer Herkunft einen Soldaten, der Talent für diese Art des Kämpfens zeigte, so ernannten sie ihn möglicherweise zum Offizier oder erhoben ihn in einen hohen gesellschaftlichen Rang. Das wäre in früheren Zeiten unvorstellbar gewesen; aber jetzt gab es in Japan keine Macht mehr, die einem unabhängigen Daimyo befehlen konnte, was er tun oder lassen sollte.

Waren die jungen Krieger Japans einmal in kurzen Phasen der Waffenruhe unbeschäftigt, so fanden sie das Ventil für ihre überschüssigen Energien in der Seeräuberei, die jetzt wieder in voller Blüte stand. In der zweiten

Hälfte des 15. Jahrhunderts kreuzten Hunderte von Piratenschiffen auf dem Ostchinesischen Meer und attackierten die gesamte Küste Chinas. Die Seeräuber plünderten nicht nur Städte an der Küste, sie drangen auch weit genug ins Inland vor, um zum Beispiel Nanking, über 200 Kilometer vom Meer entfernt, zu verwüsten.

In ihrer Plötzlichkeit und Wildheit ähnelten diese Überfälle japanischer Piraten denen der Wikinger, die im 10. Jahrhundert aus Skandinavien hervorbrachen. Die beiden Seeräuber-Völker unterschieden sich zwar in vieler Hinsicht, benutzten aber beide kleine, schnelle, jeweils von Segeln und Rudern getriebene Schiffe, deren Bauweise überraschende Landungen an Küsten und Flußufern ermöglichte. Die Japaner und Wikinger übertrafen die meisten Völker, die sie überfielen, an Kampfkraft; und der Ruf, der ihnen vorauseilte, verbreitete solches Entsetzen, daß sie in vielen Fällen kaum noch auf Widerstand stießen.

Zu Anfang hatten die Raubzüge der Piraten keine gewaltsame Reaktion der Chinesen zur Folge. Der Hof der Ming verbot lediglich den Handel mit Japan und anderen Ländern, aber diese unüberlegte Maßnahme bewirkte vor allem, daß sich die an der Küste wohnenden Chinesen den Piraten anschlossen. Bald waren die Schiffe der Wako (ein Name für die japanischen Piraten, der von dem chinesischen Wort für «Zwerg» abgeleitet war) großenteils mit Chinesen und Koreanern bemannt.

Später reagierte die Ming-Regierung energischer: sie ließ eine Flotte großer Schiffe erbauen, denen die Wako nicht gewachsen waren, und viele Orte entlang der Küste befestigen. Die Wako lernten, bei ihren Raubzügen vorsichtiger zu sein und sie, sofern es nur irgend möglich war, mit friedlichem, wenn auch illegalem Handel mit den chinesischen Häfen zu verbinden. Die kühneren Anführer der Piraten segelten mit ihren Flotten weiter nach Süden. Sie überfielen die Philippinen; manchmal brachen sie alte Gräber auf in der Hoffnung, antike chinesische Keramiken zu finden, die für die Teezeremonie in Japan verwendbar waren. Sie kamen bis nach Thailand, Java und zur Malakka-Straße zwischen Sumatra und Malaysia:

Anfang des 16. Jahrhunderts begannen die Wako, ständige Siedlungen zu errichten. Unter anderem entstanden starke japanische Kolonien auf den Philippinen, auf Formosa, in Malaysia, Thailand und dem heutigen Vietnam. Die Siedler beschäftigten sich vorwiegend mit friedlichem Handel, wahrten jedoch ihren kriegerischen Geist und waren häufig an lokalen Kämpfen beteiligt. Zeitweise war die japanische Kolonie in Thailand so stark, daß sie einen König der Thai absetzen konnte.

Die Unternehmungen der Wako warfen beträchtliche Profite ab, und der Reichtum floß ihren Ausrüstern und Beschützern, den Daimyos in Südjapan zu. Die bedeutendsten waren vermutlich die großen Barone im Westen von Hondo, aber auch viele Feudalherren auf Kyushu und Shikoku gewannen ein Vermögen durch die eigenartige Mischung von Piraterie und

Handel der Wako. Um ihre Festungen herum entstanden blühende Städte, die darin wetteiferten, Künstlern, Dichtern und Gelehrten aus dem restlichen Japan eine Heimstatt zu bieten.

Hätte nichts die Expansion der Wako gestört, so hätte Japan durchaus eine ständige Herrschaft über die Philippinen, einen Großteil Indonesiens und vielleicht auch über Teile des südostasiatischen Festlandes gewinnen können. Während der Blütezeit der Wako jedoch fanden am anderen Ende der Welt Ereignisse statt, die — den Japanern kaum oder gar nicht bekannt — den Verlauf der Weltgeschichte ändern sollten. Europa war gerade aus der langen Ohnmacht des Mittelalters erwacht und begann, sich in der Welt umzusehen. Portugiesische Seeleute erforschten die Küste Westafrikas; im Jahre 1488 umrundete Bartolomeo Diaz das Kap der Guten Hoffnung. Zehn Jahre später segelte Vasco da Gama über den Indischen Ozean bis zu der Handelsstadt Calicut in Indien, und im Jahre 1513 statteten portugiesische Schiffe China einen ersten Besuch ab. Nun hatten die Wako in den Gewässern Ostasiens keine freie Bahn mehr. An die Stelle der leichtbewaffneten arabischen Dhaus traten portugiesische Karracken — mit Kanonen, die jedes Schiff auf dem Chinesischen Meer versenken konnten.

Die Wako müssen die Portugiesen gesehen oder zumindest von ihnen gehört haben, nachdem sie den Fernen Osten erreicht hatten, aber es gibt keine Berichte darüber, was sie von ihnen hielten. Die ersten Europäer, von denen man weiß, daß sie ihren Fuß auf japanischen Boden setzten, waren drei portugiesische Abenteurer, die im Jahre 1542 (oder 1543) mit einer Dschunke auf der Insel Tanegashima südlich von Kyushu landeten. Sie führten Arkebusen mit sich, Luntenschloßmusketen — das neueste Produkt der europäischen Waffenfabrikation.

Der Herr von Tanegashima hieß die drei seltsam aussehenden Fremdlinge willkommen und behandelte sie gut; sein Interesse an ihnen wuchs, als einer der Portugiesen die todbringende Kraft seiner Arkebuse demonstrierte. Als erfahrene und pragmatische Krieger erkannten die Japaner sofort die Bedeutsamkeit dieser neuen Waffe, die den gewalttätigsten Samurai töten konnte, bevor er nahe genug herangekommen war, um von seinem Schwert Gebrauch zu machen. Der Daimyo kaufte die Arkebusen zu einem großzügigen Preis und gab umgehend seinen Waffenschmieden den Auftrag, sie zu kopieren.

6. Mit europäischen Augen

Das Eintreffen von Europäern um die Mitte des 16. Jahrhunderts hebt die Geschichte und Kultur Japans deutlicher ins Licht. Einige dieser fremden Händler und Seeleute, die nach Japan kamen, schrieben recht verläßliche Berichte über ihre Erfahrungen; die besten Beobachter jedoch waren die wortgewandten Missionare der Jesuiten: Ihre Schilderungen vermitteln das lebendige Bild eines Landes, in dem nahezu alles fremdartig und neu war.

Weit davon entfernt, auf das, was sie sahen, herabzublicken, äußerten sich die Jesuiten oft höchst anerkennend und stellten häufig fest, daß die japanische Art, dies oder jenes zu tun, ihrer eigenen überlegen war. Sie bemühten sich – nicht immer mit Erfolg –, die schwierige japanische Sprache zu erlernen, und befolgten gewissenhaft die vielschichtigen Formalitäten, die im Leben der Japaner eine so bedeutsame Rolle spielen. Ihre Berichte sind besonders wertvoll, weil die Jesuiten ihre Beobachtungen anstellen konnten, als die Japaner Europäern gegenüber freundlich eingestellt, aber noch nicht von ihnen beeinflußt waren. Ohne die Aufzeichnungen der Jesuiten wüßten wir heute weitaus weniger über das alte Japan.

Die ersten Europäer, die Japan erreichten, waren Portugiesen. Sie waren froh, ein östliches Land mit gemäßigtem Klima vorzufinden, dessen Bevölkerung ihre Zuneigung und Bewunderung weckte. Ihre Erfahrungen mit den Indern in der Umgebung ihrer Festung Goa und den Eingeborenen Malaysias und der Gewürzinseln Indonesiens hatten kaum mehr als Verachtung bei ihnen hervorgerufen. Die Chinesen dagegen hatten sie wie Barbaren behandelt und nicht das geringste Verlangen gezeigt, mit ihnen in Verbindung zu treten. Die Japaner schienen ein auf erfreuliche Weise anderer Menschenschlag zu sein. Sie waren nicht nur ein zivilisiertes Volk, sondern auch ein freundliches, und obwohl sie von sich selbst eine recht hohe Meinung hatten, waren sie an allem interessiert, was die Portugiesen ihnen zeigen konnten. Die europäischen Schiffe und Waffen bildeten die Hauptattraktion, aber auch Kleidung und Ernährung der Portugiesen interessierten die Japaner, und sie stellten den Neuankömmlingen zahllose Fragen über die Welt des Westens. Obwohl die Portugiesen keine europäischen Waren anbieten konnten, zahlten die Japaner bereitwillig hohe

Die Zeremonie des Reispflanzens, auf einem Wandschirm dargestellt, zeigt Frauen, die, von Tänzern und einer Kapelle begleitet, auf den Feldern Reissämlinge einsetzen. Dieses Ritual, das die Ernährungsgrundlage Japans feiert, gehörte zu den Bräuchen, die schon die ersten portugiesischen Besucher beeindruckten.

Preise, vorwiegend in Silber, für Seide und andere Luxusgüter, die portugiesische Schiffe aus China mitbrachten – einem Handelsgebiet, das die chinesische Regierung der von den Wako-Piraten angerichteten Verheerungen wegen für alle Japaner gesperrt hatte.

Portugiesische Priester, Kaufleute und Seefahrer. Ein portugiesischer Kaufmann und Schiffskapitän, Jorge Alvarez, der im Jahre 1547 den Hafen Kagoshima auf der Südinsel Kyushu besuchte, war begeistert von dem, was er sah. «Es ist ein schönes und freundliches Land», berichtete er, «und dazu reich gesegnet mit Bäumen – Fichten, Zedern, Pflaumen-, Kirsch- und Pfirsichbäumen, Lorbeer, Kastanien, Nußbäumen und Eichen (die viele Eicheln tragen) ... Überdies findet man viele Früchte, die bei uns nicht wachsen; sie bauen die gleichen Gemüsesorten an, die wir auch in Portugal haben, ausgenommen Salat, Kohl, Koriander und Minze; alles andere besitzen sie. Sie kultivieren auch Rosen, Nelken und viele andere duftende Blumen, ebenso süße und bittere Orangen, Zitronen (allerdings sah ich keine Limonen), Granatäpfel und Pfirsiche.»

Kapitän Alvarez war ein vorzüglicher Beobachter. Er beschreibt die Ernährung der Japaner, ihre Häuser, ihre Burgen und Waffen. Er verzeichnet den unbändigen Stolz der Männer und macht darauf aufmerksam, daß sich die Frauen unbegleitet auf den Straßen zeigen dürfen, was in Portugal zu jener Zeit nicht üblich war. Die Unbefangenheit, mit der beide Geschlechter nackt in Sichtweite von Passanten baden, schockiert ihn; zumindest gibt er vor, schockiert zu sein. Ihre umständliche Etikette interessiert ihn. «Die Leute bringen ihrem König [dem lokalen Daimyo] große Verehrung entgegen», berichtet er, «und für die Söhne der höchsten Adligen des Königreichs gilt es als große Ehre, ihm zu dienen ... Sie sprechen gern leise und sehen auf uns herab, weil wir laut sprechen. Die Etikette verlangt, daß ein Mann gleichrangige Gäste kniend empfängt, die Hände auf dem Boden, bis sie sich niedergelassen haben. Wenn der König ausgeht, wird er von seinen Wachen begleitet. Die Leute, die ihm auf der Straße begegnen, verneigen sich tief, die Schuhe in der Hand, bis er vorbeigezogen ist. Untergebene grüßen ihre Vorgesetzten auf die gleiche Weise, und wenn sie mit adligen und ehrenwerten Leuten zusammentreffen, ziehen sie die Schuhe aus und verneigen sich sehr tief, die Hände zwischen den Schenkeln; haben sie dann ihr Gespräch beendet, so kreuzen sie die Arme und gehen.»

Als Kapitän Alvarez im Hafen von Kagoshima lag, gewährte er einem Japaner namens Yajiro, der an Land in Schwierigkeiten geraten war, Zuflucht an Bord und verbarg ihn und zwei seiner Freunde bis zur Abfahrt des Schiffes. In Malakka angelangt, stellte er die drei dem spanischen Jesuiten Francisco Xavier vor, der später den Titel «Apostel Asiens» erhalten sollte. Die Japaner und die Beschreibung ihres Landes durch den Kapitän begeisterte den späteren Heiligen. Das war, so glaubte er, ein idealer

Eine der besten Schilderungen des Werktagslebens des 17. Jahrhunderts findet sich in der Niederschrift eines Dichterwettbewerbs – einer mit Zeichnungen illustrierten Schriftrolle. Auf einer der 36 Abbildungen der Rolle klebt ein Bildereinrahmer ein Bild, das einen Wandschirm schmücken soll, auf eine Holzplatte, bevor er es mit Brokatstreifen einfaßt. Diese und die folgende Szenen stammen aus dem Rollbild «Sanjuniban Shokunin Uta-awase E-maki».

Boden für missionarische Bemühung: ein blühendes, volkreiches Land mit gemäßigtem Klima, bewohnt von Menschen, die ebenso zivilisiert waren wie die Chinesen, jedoch ohne die chinesische Arroganz.

Xavier nahm Yajiro und seine Freunde mit nach Goa, wo sie Portugiesisch lernten und zum römisch-katholischen Glauben übertraten. Im April 1549 brach eine kleine Expedition — Xavier, zwei weitere spanische Jesuiten, die drei Japaner und zwei Diener — nach Japan auf. In Malakka schifften sie sich auf einer chinesischen Piratendschunke ein, dem einzig verfügbaren Schiff. Am 15. August, dem Tag des Festes Mariä Himmelfahrt, erreichten die Piraten den Hafen von Kagoshima, und Xavier betrat den Boden des Landes, das er in seinen Träumen als erstes christliches Land des Ostens sah. Zusammen mit seinen Gefährten wurde er von dem mächtigen Daimyo Satsuma, dem Feudalherrn von Kagoshima, freundlich empfangen. Der Daimyo erlaubte ihnen, ihre Lehren vorzutragen und jeden zu bekehren, der sich bekehren ließ. Menschen aller Klassen, sogar buddhistische Priester, hörten ihnen respektvoll zu, und bevor sie Kagoshima verließen, hatten sie hundertfünfzig Bekehrte getauft.

An der Glaubenstiefe dieser Bekehrungen ist gezweifelt worden. Xavier hat selbst zugegeben, daß er in der japanischen Sprache nie große Fortschritte machte, und die Erläuterung christlicher Theologie durch seine relativ ungebildeten Dolmetscher muß schwierig gewesen sein. Ein Teil der Ersttäuflinge muß geglaubt haben, es handle sich lediglich darum, einer neuen und interessanten buddhistischen Sekte beizutreten. Zwischen den beiden Religionen bestehen äußerliche Ähnlichkeiten — beispielsweise der Gebrauch von Gebetsperlen. Selbst der Zentralgedanke eines Erlösers ist dem Christentum und den amidistischen Richtungen des Buddhismus gemeinsam. Die Tatsache, daß der Erlöser der Christen, Jesus, gekreuzigt wurde, scheint die Japaner nicht abgestoßen zu haben. Die heroischsten Charaktere in Dichtung und Leben der Japaner sind jene, die für eine edle Sache Niederlage und Tod erleiden.

Ob Xaviers Lehren nun verstanden wurden oder nicht, er wurde in vielen Orten Japans ebenso willkommen geheißen wie in Kagoshima, und sein erster Bericht an seine Oberen in Goa war voller Begeisterung. «Die Leute, die wir hier antrafen», schreibt er, «sind unter den bis heute entdeckten Völkern die besten, und ich glaube, wir werden unter den Heiden nie ein Volk finden, das den Japanern gleichkommt. Sie sind Leute mit vorzüglichen Manieren, durchweg liebenswürdig und ohne jede Hinterlist; sie sind Ehrenmänner in erstaunlichem Ausmaß und stellen die Ehre über alles in der Welt.

Eine Textilarbeiterin bereitet den Stoff für Frühlingskleider vor: sie stärkt eine lange Stoffbahn, die zu Kimonos verarbeitet werden soll. Um den Stoff zu spannen, während sie arbeitet, hat sie Stäbe aus Bambus hineingesteckt. (Szene aus einem Rollbild)

Sie sind ein im allgemeinen armes Volk, aber Armut gilt weder beim Adel noch bei den gewöhnlichen Leuten als Schande. Sie verfügen über eine Eigenschaft, die mir bei allen Völkern der Christenheit noch nicht begegnet ist: ihr Adel, so arm er auch sein mag, und die gemeinen Leute, so reich sie auch sein mögen, erweisen einem armen Herrn die gleichen Ehren, als wäre er reich.»

Bei der Niederschrift dieser Sätze scheint Xavier mehr als der arme, aber stolze spanische Adlige, der er seiner Geburt nach war, reagiert zu haben, denn als ein Schüler des demütigen Jesus. Der kriegerische Charakter der Japaner irritierte ihn nicht, und er hatte die Grundlage der japanischen Gesellschaftsform erkannt: die Wichtigkeit von Geburt und Rang. Spätere Jesuiten folgten seinem Beispiel. Während ihres neunzig Jahre dauernden Aufenthalts in Japan konzentrierten sie sich auf die Bekehrung der Adligen und der Samurai – in der Hoffnung, das Beispiel der oberen Klassen werde auch das gewöhnliche Volk dem christlichen Glauben zuführen.

Schon zu Beginn seines Besuches hörte Xavier von dem geheimnisvollen Kaiser, der in Kyoto lebte, und von dem Shogun, der sein militärischer Statthalter sein sollte. Niemand schien diesen Schattenherrschern zu gehorchen, aber Xavier beschloß, sie dennoch zu besuchen. Vielleicht glaubte er, ganz Japan bekehren zu können, indem er mit seinem Herrscher begann – eine von den Jesuiten in Teilen Europas oft geübte Praxis. Auf jeden Fall unternahm er die lange, beschwerliche Reise in die alte Hauptstadt, die er in hellem Aufruhr vorfand. Der Shogun war nicht anwesend, und der Kaiser lehnte es ab, ihn zu empfangen. Xavier kehrte zu den freundlichen Gemeinden Westjapans zurück.

Auf seinen Reisen durch diese Gebiete machte Xavier eine weitere Beobachtung, die die Politik der Jesuiten in Japan beeinflußte. Er stellte fest, daß allen Feudalherren, die über einen Hafen geboten, daran lag, daß portugiesische Kaufleute den Hafen benutzten. Ihre Schiffe waren relativ groß und hatten zahlreiche Geschütze an Bord; sie stellten das einzige Mittel dar, wertvolle Ladungen aus China herbeizubringen, ohne unterwegs von Piraten ausgeraubt zu werden. Eine einzige Ladung chinesischer Seide, die im Hafen eines Daimyo sicher an Land kam, brachte ihm großen Reichtum.

Der Wert, den die portugiesische Handelsflotte für die Japaner hatte, verlieh den Jesuiten viel Macht in Japan, denn auch die Missionare konnten auf die portugiesischen Kaufleute einen beträchtlichen Einfluß ausüben. Außerdem verfügten die Jesuiten, welcher Nationalität sie auch angehörten, während ihres gesamten Aufenthalts in Japan über die machtvolle Unterstützung der portugiesischen Krone und ihrer Beamten im Fernen Osten. Die portugiesischen Kaufleute und Seefahrer waren deshalb gezwungen, ihnen mit größter Ehrerbietung zu begegnen; daneben empfanden manche von ihnen echte Hochachtung für die religiöse Hingabe der fremden Missionare.

Den Japanern, deren Leben von vielfältigen Regeln der Achtung vor sozial Höhergestellten bestimmt war, blieb das Ansehen der Jesuiten nicht verborgen; sie schlossen daraus, daß die Missionare unter den Fremden viel Macht hatten und portugiesische Schiffe anweisen konnten, jeden von ihnen ausgewählten Hafen anzulaufen. Sobald die Jesuiten feste Niederlassungen gegründet hatten, verfügten sie in der Tat über diese Macht, und darin lag einer der Hauptgründe für die zuvorkommende Behandlung, die ihnen von seiten der Japaner zuteil wurde.

Xavier verließ Japan im Jahre 1551, um niemals zurückzukehren. Er kam später zu dem Schluß, man habe bei der Bekehrung des Fernen Ostens mit China, dem Ursprung seiner Zivilisation, zu beginnen; aber er vergaß die Japaner nicht, die er «die Freude meines Herzens» nannte. Andere Jesuiten traten an die Stelle Xaviers, aber das Werk der Bekehrung schritt nur langsam voran. Im Jahre 1560 lebten nur sechs Missionare in ganz Japan, im Jahre 1570 waren es etwa zwanzig. Sie merkten bald, daß das Leben in Japan nicht ganz so idyllisch war, wie Xavier es beschrieben hatte. Der Ausdruck «Land im Kriegszustand» war keine leere Phrase. Es gab keine wirksame Zentralregierung, und Frieden war nicht nach dem Geschmack der kriegerischen Samurai. Jederzeit konnten Streitigkeiten zwischen den Feudalherren ausbrechen, und kein Ort war sicher vor Überfall, Plünderung und Zerstörung. Die Jesuiten waren hoch geachtet, und offenbar fand keiner von ihnen bei diesen blutigen Tumulten, die sich häufig zu Eroberungskriegen auswuchsen, den Tod; aber sie waren oft gezwungen, aus einem Lehen in ein anderes zu ziehen, wenn ein ihnen wohlgesinnter Daimyo durch einen feindseligen ersetzt wurde.

Die Bemühungen der Jesuiten um die Aristokratie hatten einigen Erfolg. Die meisten Missionare waren Männer von hoher Geburt, deren Bildung und Manieren den japanischen Adel beeindruckten. Sie waren keine Soldaten, aber die strenge Disziplin, die von den Anführern des Ordens verlangt wurde, erwarb ihnen die Bewunderung der Feudalherren.

Ihr Erfolg bei der eigentlichen Missionsarbeit war unterschiedlich. Zwar empfingen verhältnismäßig viele Aristokraten die Taufe, weil sie hofften, die Missionare würden den Handel in ihre Häfen lenken; manchmal befahlen sie auch ihren Untergebenen, Christen zu werden. Kamen die portugiesischen Schiffe jedoch nicht wie erwartet an, so wurden die «Bekehrten» leicht wieder abtrünnig. Dennoch trat eine große Zahl von Adligen für immer zum Christentum über und verbreitete den Glauben unter Verwandten und Freunden; ein Teil der Lehnsmänner besuchte die christlichen Kirchen sogar noch, nachdem ihre Feudalherren abtrünnig geworden waren. Auf diese Weise wuchs ganz allmählich eine christliche Gemeinde auf Kyushu und, in geringerem Ausmaß, auch in anderen Teilen Japans, in denen die Jesuiten und die von ihnen Bekehrten die Erlaubnis erhalten hatten, zu predigen und kleine Gemeinden um sich zu versammeln.

Gelegentlich zeigten die Missionare auch ein Übermaß von Eifer. «Gott hat den Patres solche Kraft gegeben», berichtet ein Jesuit, «daß ... sie alle Klöster und Tempel der Bonzen [der buddhistischen Mönche] zerstörten und niederbrannten und binnen weniger Monate alle Heiden im Lande bekehrten, ohne einen einzigen Ungläubigen oder auch nur die Spur eines Bonzen zurückzulassen, so daß unser Gesetz und die Patres nun über mehr Macht und Anerkennung verfügen, als es zuvor der Fall war.» Solche Triumphe waren oft nur von kurzer Dauer. Einige buddhistische Sekten waren korrupt und unbeliebt, andere hingegen hatten mächtige Gönner und leidenschaftliche Anhänger. Manchmal hetzten die Bonzen das Volk auf, die Missionare zu vertreiben, oder sie überredeten benachbarte Feudalherren, mit einem Heer zu kommen und jeden Daimyo zu stürzen, der die Christen unterstützte.

Solche Wechselfälle des Glücks waren mißlich, aber die Jesuiten scheinen sie als unvermeidbar hingenommen zu haben; die feudale Anarchie, die jeden Erfolg der Christen in Frage stellte, war — zumindest im gegenwärtigen Zeitpunkt — ihrer Sache dienlich. Es gab keine Oberhoheit, in deren Macht es gelegen hätte, alle Missionare aus dem Lande zu weisen. Nahmen die Dinge für die Jesuiten eine ungünstige Wendung, konnten sie jederzeit in ein anderes Lehen weiterziehen; oft blieben an den Orten, aus denen sie vertrieben wurden, viele Getaufte zurück.

Schließlich sicherten die Jesuiten ihre Position durch die Zusammenarbeit mit den portugiesischen Kaufleuten. Je mehr sich der Japan-Handel der Portugiesen ausbreitete, desto wichtiger wurde es für die seidenbeladenen «Großen Schiffe», eine sichere Basis in Japan zu haben. Die meisten Häfen an der Küste von Kyushu waren zu seicht, um den unbeholfenen, tiefgehenden portugiesischen Schiffen Schutz zu bieten; überdies bestand stets die Gefahr, daß Schiff und Ladung in die Hände einer feindlichen Macht fielen, wenn der Kapitän einen Hafen anlief, ohne sich der Verhältnisse an Land sicher zu sein. Den Handelsbehörden der Portugiesen lag deshalb sehr daran, einen guten Hafen zu finden, der ständig unter der Kontrolle ihrer Freunde stand, und das zu bewerkstelligen, gelang den Missionaren.

Die erste christianisierte Stadt in Japan. Um das Jahr 1569 besuchte der Jesuit Gaspar Vilela ein kleines Fischerdorf im Nordwesten von Kyushu, regiert von dem christlichen Vasallen eines mächtigen Daimyo, den die Missionare bekehrt und Dom Bartolomeo getauft hatten. Pater Vilela scheint den Wert dieses Dorfes erkannt zu haben. Gestützt auf die Gunst des

Ein Steinmetz meißelt Splitter, fein wie Blüttenblätter, von einem massiven Seinklotz. Vielleicht arbeitet er gerade an der Schwelle eines Hauses oder an einer Skulptur, einer Laterne etwa, für einen kunstvoll angelegten Garten. (Szene aus einem Rollbild)

Daimyo, bekehrte er sämtliche 1500 Gefolgsleute des Vasallen, ließ den buddhistischen Tempel niederbrennen und an der gleichen Stelle eine christliche Kirche erbauen. Kurze Zeit danach traf ein portugiesisches Schiff aus China ein und fand andere Teile von Dom Bartolomeos Lehen in Aufruhr gegen die Christen. In Pater Vilelas Dorf an der Küste jedoch herrschte Frieden, und es verfügte über ein tiefes Hafenbecken, das leicht zu verteidigen war. Nach einigen Verhandlungen überließ Dom Bartolomeo den Jesuiten das Dorf als sichere und dauernde Handelsbasis für die Portugiesen. Das Dorf war Nagasaki, später ein bedeutender Hafen des modernen Japan, der im Jahre 1945 zu tragischem Ruhm gelangte, als er durch die zweite amerikanische Atombombe fast völlig zerstört wurde.

Nagasaki wurde rasch zu einer christianisierten Stadt mit Kirchen, Schulen und einer Niederlassung der Jesuiten, die einer Festung glich. Seine Bevölkerung wuchs, als portugiesische, chinesische und japanische Kaufleute kamen, um die Vorteile, die es für den Handel bot, auszunutzen. Japanische Christen, die von christenfeindlichen Feudalherren vertrieben worden waren, ließen sich in Dörfern nahe dem Hafen nieder. Die Stadt wurde durch einen von den Jesuiten eingesetzten Magistrat verwaltet, der Hafengebühren erhob und sie mit Dom Bartolomeo teilte. Der einzige Nachteil, den die Missionare bei diesem Verfahren in Kauf nehmen mußten, war, wie einer von ihnen in einem Brief erläuterte, die Tatsache, daß sie die summarische Hinrichtung von Gesetzesbrechern nicht befehlen konnten. Ohne diese Befugnis, so schrieb er, sei es schwierig, eine japanische Bevölkerung zu regieren.

Die Jesuiten, die sich auf Kyushu niedergelassen hatten, versäumten keine Gelegenheit, Japan kennenzulernen, und die intelligenten, lebendigen Berichte, die sie ihren Oberen sandten, liefern unvergeßliche Bilder des «Landes im Kriegszustand». Selbst im Rausch seiner ersten Begeisterung fiel Pater Xavier das überaus kriegerische Wesen der Samurai auf. «Die Japaner», schrieb er, «haben eine hohe Meinung von sich; sie glauben, keine andere Nation könne sich, was Waffen und Tapferkeit angehe, mit ihnen messen, und deshalb blicken sie auf alle Fremden herab. Ihren Waffen messen sie großen Wert bei; gute, mit Gold und Silber verzierte Waffen sind ihr höchster irdischer Besitz. Sie tragen Schwert und Dolch sowohl im Hause wie draußen und legen sie neben ihr Kissen, wenn sie schlafen. Ich habe in meinem ganzen Leben noch keine Menschen getroffen, die sich so sehr auf ihre Waffen verlassen ... Sie sind sehr kriegerisch und ständig in Kriege verwickelt, und auf diese Weise wird der fähigste Mann zum größten Herrn.»

Unter diesen stolzen, bewaffneten Leuten tat der Fremde gut daran, auf sein Verhalten zu achten. Pater Alessandro Valignano, ein Jesuit italienischer Abstammung, schrieb: «Ich glaube, es gibt auf der ganzen Welt kein Volk, das in Fragen der Ehre empfindlicher wäre als die Japaner; denn sie

Der Kohlenbeckenhändler gehörte im 16. Jahrhundert in Japan zum Straßenbild. Jedes Haus besaß ein großes Becken, «hibachi» genannt, wie der Mann es vorn an der Stange trägt. Kleinere Becken dienten zur Teezeremonie. (Szene aus einem Rollbild)

nehmen keine Beleidigung und nicht einmal ein im Zorn gesprochenes Wort hin. So kommt es, daß man selbst mit den einfachsten Arbeitern und Bauern höflich spricht (und sprechen muß), weil sie es anders nicht dulden; sie legen sonst die Arbeit nieder, ohne daran zu denken, was sie damit verlieren, oder sie tun noch schlimmere Dinge.»

Pater Valignano bemerkte jedoch, daß die Japaner ihre eigenen Methoden entwickelt hatten, um zu verhindern, daß kleine Streitigkeiten in Mord und Totschlag endeten. «Um sich im Umgang mit anderen nicht verhaßt zu machen», schrieb er, «befolgt man in Japan durchweg den Brauch, bedeutende oder schwierige Angelegenheiten mit einer anderen Person nicht von Angesicht zu Angesicht zu regeln, sondern dergleichen durch Boten oder dritte Personen erledigen zu lassen. Diese Methode ist so beliebt, daß sie zwischen Vätern und ihren Kindern geübt wird, zwischen Herren und ihren Dienern und sogar zwischen Ehemännern und ihren Frauen, denn sie halten es für das Klügste, Angelegenheiten, die Anlaß zu Zorn, Widerspruch oder Streit geben könnten, durch Dritte bereinigen zu lassen. Infolgedessen leben sie derart in Frieden und Ruhe, daß sogar die Kinder es unterlassen ... einander zu verprügeln wie europäische Buben; statt dessen verbeugen sie sich höflich voreinander und unterlassen es nie, einander Achtung zu erweisen. Sie legen eine so unglaubliche Würde und Reife an den Tag, daß sie mehr ernsthaften Männern als Kindern gleichen.»

Pater Valignano begriff auch, daß sich hinter dieser Höflichkeit gefährliche Täuschungen verbergen konnten. «Auch wenn zwei Männer Todfeinde sind», schrieb er, «lächeln sie einander an, und keiner von ihnen unterläßt es, dem anderen alle gebräuchlichen Höflichkeiten zu erweisen. Ihr Verhalten in solchen Fällen grenzt an das Unglaubliche; es geht so weit, daß sie, wenn sie fest entschlossen sind, Rache zu nehmen und jemanden zu töten, dem Betreffenden mit Zuneigung und Vertrautheit begegnen und mit ihm lachen und scherzen. In einem Augenblick, in dem er gerade nicht auf der Hut ist, ziehen sie ihre schweren, rasiermesserscharfen Schwerter und greifen ihn so an, daß ihn gewöhnlich bereits der erste oder zweite Hieb tötet. Dann stecken sie die Schwerter wieder ein, als sei nichts geschehen, und lassen nicht das geringste Anzeichen von Leidenschaft oder Zorn erkennen. Auf diese Weise machen sie sämtlich einen sanften, geduldigen und ausgeglichenen Eindruck, und es läßt sich nicht leugnen, daß sie in dieser Hinsicht allen anderen Völkern überlegen sind.»

«Agenten des Teufels». Dem Buddhismus, in dem sich das Haupthindernis ihrer Missionstätigkeit sahen, standen die Jesuiten natürlich kritisch gegenüber. Sie bezeichneten die buddhistischen Mönche oft als gierig und ausschweifend und nannten sie Agenten des Teufels; die rührende Eindringlichkeit einiger buddhistischer Feste mußten auch sie jedoch anerkennen.

Im Jahre 1561 verfolgte Pater Vilela mit offenkundiger Sympathie den buddhistischen Tag der Toten. «Sie kennen ein weiteres, *Bon* genanntes Fest», schrieb er, «das alljährlich zum Andenken der Seelen ihrer Vorfahren abgehalten wird . . . Jedermann stellt brennende Lampen auf die Straßen, geschmückt, so gut er es vermag, und die ganze Nacht hindurch drängen sich die Menschen auf den Straßen, manche aus Ehrerbietung vor den Toten, andere aus Neugierde, um zu sehen, was vor sich geht. Am Abend dieses Allerseelentages verlassen viele Menschen die Stadt, um die Seelen ihrer Vorfahren zu empfangen; und wenn sie den Ort erreicht haben, an dem sie die Seelen derer, die sie treffen wollten, zu erreichen glauben, fangen sie an, sich mit ihnen zu unterhalten. Manche bieten ihnen Reis an, andere Fadennudeln, während die ganz Armen heißes Wasser bringen. Sie bieten Gaben an und sprechen zu ihnen: ‹Seid willkommen! Wir haben einander lange nicht mehr gesehen; Ihr müßt müde sein. Bitte nehmt Platz und eßt etwas› — oder ähnliche Worte. Dann legen sie das Mitgebrachte auf den Boden und warten etwa eine Stunde, wie um ihren unsichtbaren Gästen Zeit zu lassen, zu essen und auszuruhen. Hiernach fordern sie sie auf, in ihr Haus zu kommen, und sagen, sie gingen voran, um alles vorzubereiten. In ihr Haus zurückgekehrt, decken sie einen Tisch wie einen Altar und tragen Reis und andere Nahrungsmittel auf . . . Einerlei, wie arm jemand ist, jeder opfert den Seelen seiner Ahnen, soviel er aufbringen kann, und wer es nicht tut, wird angesehen wie ein Verstoßener.»

Japanische Tischsitten. Die Jesuiten bewunderten, wenn auch nicht uneingeschränkt, manche der religiösen Bräuche des Landes; von den japanischen Tischsitten jedoch waren sie begeistert. Pater João Rodriguez schrieb: «Sie sind sehr erstaunt darüber, daß wir mit den Händen essen und diese an Servietten abwischen, die dann schmutzig und voller Flecken sind, ein Anblick, der Ekel und Abscheu bei ihnen hervorruft.»

Die Bräuche der Japaner waren entschieden zivilisierter. «Man kann sich kaum vorstellen», schrieb Pater Valignano, «was sie essen und trinken und wie ihre Mahlzeiten serviert werden, denn sie halten sehr auf Sauberkeit und Würde bei Tisch und unterschieden sich darin von uns. Jede Person hat ihren eigenen Tisch, aber es gibt keine Tischdecken, Servietten, Messer, Gabeln oder Löffel. Sie haben lediglich zwei kleine, *hashi* genannte Stäbchen, die sie so sauber und gewandt handhaben, daß . . . nicht einmal ein Krümel von ihrem Teller auf den Tisch fällt. Sie essen mit solcher Bescheidenheit und so guten Manieren, daß es scheint, als befolgten sie bei Tisch ebenso viele Regeln wie bei anderen Tätigkeiten.»

Noch fremdartiger als die gewöhnlichen Mahlzeiten war für die Jesuiten die komplizierte Teezeremonie. «Bei den reichen und adligen Japanern ist es Brauch», schrieb Pater Luis d'Almeida, «daß sie einem geehrten Gast als Zeichen ihrer Wertschätzung ihre Schätze zeigen. Diese Schätze sind die Utensilien, die sie zum Trinken des Absuds aus einer pulverisierten, *cha* genannten Pflanze verwenden, die denjenigen, die sie zu trinken gewohnt sind, sehr gut schmeckt . . . Die Büchse, in der sie die *cha*-Blätter aufbewahren, der Löffel, mit dem sie sie herausholen, die Kelle, mit der sie dem Kessel Wasser entnehmen, und der Herd – all diese Utensilien sind die Juwelen Japans, wie bei uns Ringe, Ketten und Schmuckstücke mit prachtvollen Rubinen und Brillanten. Es gibt Fachleute, die diese Utensilien taxieren und sie als Händler kaufen und verkaufen. Sie veranstalten Feste, um diese Pflanze zu trinken (von den besten Sorten kostet das Pfund neun oder zehn Dukaten) und um diese Utensilien vorzuzeigen, in denen sich ihr Reichtum und Rang spiegeln.»

Pater d'Almeida besuchte eines dieser Feste im Hause eines reichen, zum Christentum übergetretenen Mannes, den er Sancho nennt. «Wir gelangten in einen Hof ...» schrieb er, «und betraten das Haus, in dem gegessen werden sollte. Es war etwas größer als der Hof und schien eher von Engeln erbaut als von Sterblichen. Auf der einen Seite befand sich eine Art Schrank, wie er hier üblich ist, und unmittelbar davor ein irdener schwarzer Herd von etwa einem Meter Umfang, der wie ein auf Hochglanz polierter Spiegel schimmerte ... Die Asche, auf der die glühende Holzkohle lag, sah aus wie fein gemahlene Eierschale. Alles war überaus sauber und so exakt angeordnet, daß es kaum zu beschreiben ist ...

Als wir uns niedergelassen hatten, begann man, die Mahlzeit zu servieren. Ich rühme das Essen nicht, denn damit ist es in Japan nicht sonderlich gut bestellt; was jedoch die Bedienung, die Ordnung, die Sauberkeit und die Geräte betrifft, so kann ich guten Gewissens behaupten, daß es nirgendwo auf der ganzen weiten Welt möglich ist, eine Mahlzeit akkurater anzurichten und zu servieren als in Japan ... Sancho bereitete und servierte eigenhändig den *cha*, die pulverisierten Blätter, von denen ich bereits sprach. Hinterher zeigte er mir neben vielen anderen Schätzen einen kleinen eisernen Dreifuß, kaum eine Spanne groß, auf dem der Deckel des Kessels abgelegt wird. Ich nahm ihn in die Hand. Er war stellenweise so von der Zeit mitgenommen, daß man ihn an zwei Stellen, an denen er aus reiner Altersschwäche gebrochen war, hatte löten müssen. Er erklärte mir, dies sei eines der wertvollsten Stücke seiner Art in ganz Japan und habe ihn 1030 Dukaten gekostet; allerdings sei er der Meinung, daß es noch viel mehr wert sei. All diese Dinge werden in feinen Beuteln aus Damast und Seide aufbewahrt; jeder liegt in einer kostbaren kleinen Schatulle.»

Für die japanische Musik konnte sich freilich keiner der Missionare be-

Eine hölzerne Kelle (oben links), «hishaku» genannt, besteht aus einem Gefäß aus Zedernholz, an dem ein Holzstiel befestigt ist. Bei der traditionellen Zeremonie liegt die Kelle neben einem Steinbecken am Rand des Pfades, der zum Teehaus führt (s. a. S. 113). Teebesen (oben rechts) oder «chasen» werden aus Bambus gefertigt. Man schlägt mit ihnen die Mischung aus pulverisiertem Tee und heißem Wasser zu einem schaumigen Gebräu, das sogar (je nach Geschmack) die Konsistenz einer breiigen Suppe erreichen kann. Süßigkeiten (unten): Die Plätzchen, «higashi» genannt, bestehen fast nur aus Zucker und Reismehl.

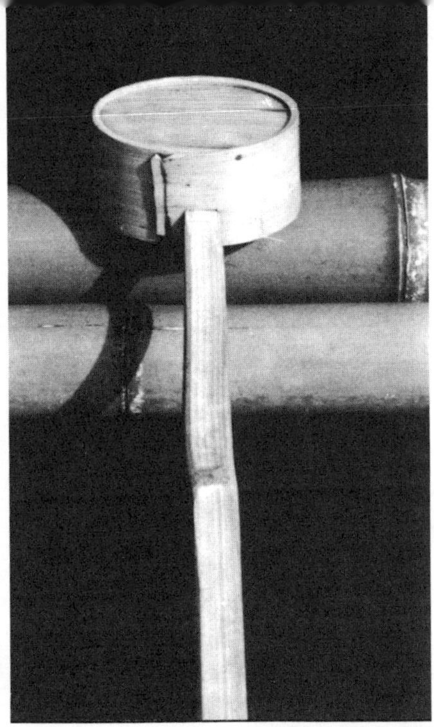

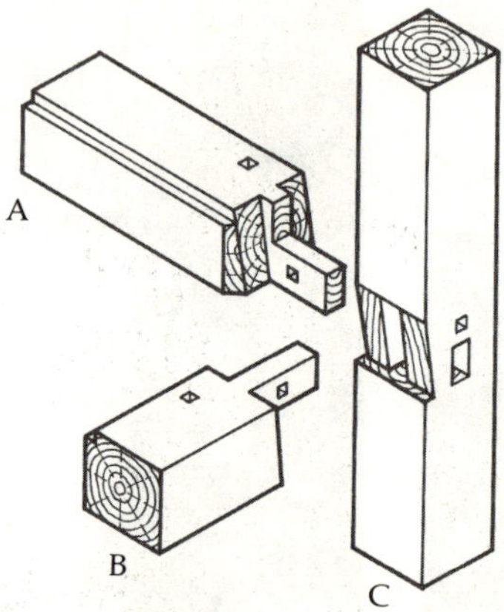

Diese Verbindung zweier tragender Balken (A und B) mit einer Eckstütze (C), die eine perfekt durchkonstruierte Version des 16. Jahrhunderts darstellt, beruht auf einer Methode, die japanische Baumeister schon im 5. Jahrhundert entwikkelt hatten. Die Balken paßten haargenau in die Auschnitte der Stützpfosten und wurden durch Holzpflöcke gehalten.

geistern. Die Worte von Pater Lourenço Mexia verraten eine lange Leidenszeit: «Ihre natürliche und künstliche Musik klingt in unseren Ohren so mißtönend und rauh, daß es eine Qual ist, ihr eine Viertelstunde lang zuzuhören; doch um die Japaner nicht zu kränken, sind wir gezwungen, ihr stundenlang zu lauschen. Ihnen selbst gefällt sie so gut, daß sie glauben, es gäbe auf der ganzen Welt nichts, das ihr gleicht; unsere melodiöse Musik stößt sie ab. Während ihrer Feste veranstalten sie viele Theateraufführungen, die mancherlei vernünftige und erfreuliche Dinge zum Thema haben, aber sie werden ständig von dieser Musik begleitet.»

Weit besser gefiel den Missionaren die japanische Architektur. Einige ihrer Berichte über Schlösser und Paläste erregten in Rom Ärgernis: das Preisen heidnischer Errungenschaften löste nicht nur freudige Zustimmung aus. Ein solcher Bericht wurde im Jahre 1565 von Pater d'Almeida nach einem Besuch auf dem Schloß des mächtigen Daimyo Matsunaga in Nara geschrieben.

Wand und Dach sind gleichfalls auf kunstvolle Art ineinander verschränkt. Hier fügt sich der Trägerbalken der Dachtraufe (A) in die Kehlung eines Deckenbalkens (B); beide werden durch den Dorn eines Wandträgers (C) verbunden, der von unten durch sie hindurchgeführt wird. Diese Techniken werden von japanischen Zimmerleuten auch noch heute angewendet.

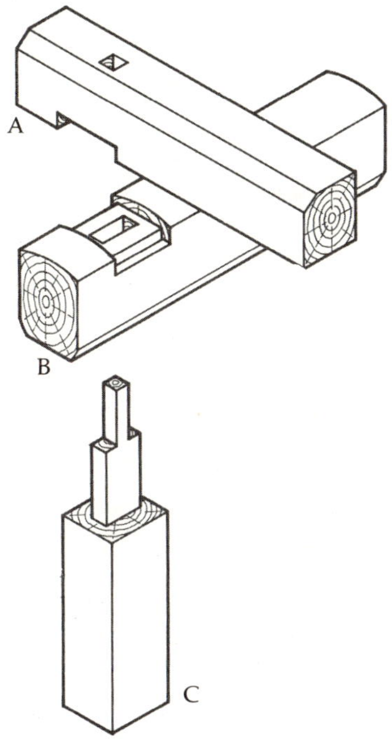

«Dieser Herr, der, wie ich bereits sagte, über soviel Reichtum und Land gebot und dem man aufs Wort gehorchte», schrieb Pater d'Almeida, «entschloß sich, in der Stadt eine Festung zu erbauen, wie es bei ihnen Brauch ist. Zu diesem Zweck ergriff er Besitz von einem Hügel und höhlte ihn aus; der Stein war sehr weich, und er ließ viele Türme aus diesem Material erbauen. Mitten zwischen ihnen lag ein großer Platz, etwa ein Drittel der Stadt Goa umfassend, auf dem er zahlreiche Brunnen graben ließ, da sich in drei Klaftern Tiefe viel Wasser fand. Dann lud er seine vornehmsten und reichsten Adligen und diejenigen ihrer Gefolgsleute ein, denen er vertraute; sie sollten ihre Häuser innerhalb dieser Umfassung bauen ... Er begann damit vor fünf Jahren, und da sie sich alle gegenseitig beneideten, bauten sie die schönsten und prunkvollsten Häuser, die man sich vorstellen kann ... All dies, dazu die gesamte Burg und ihre Türme, hat weißere und glattere Wände, als ich sie je in christlichen Ländern sah. Sie mischen nämlich keinen Sand unter den Kalk, sondern verkneteten ihn nur mit einer besonderen Art ganz weißen Papiers, das sie zu diesem Zweck herstellen ... Wenn man diese Stadt (denn so kann man es nennen) betritt und durch ihre Straßen wandert, glaubt man, im Paradies zu sein.

Ich glaube, es gibt auf der ganzen Welt keinen schöneren Anblick als diese Festung von außen, denn sie zu betrachten, ist eine reine Freude. Ich ging hinein, um ihre palastartigen Gebäude zu sehen, doch um sie zu beschreiben, würde ich viele Riese Papier brauchen, denn sie scheinen nicht das Werk menschlicher Hände zu sein ... Alle Wände sind mit gemalten Darstellungen alter Geschichten auf einem Hintergrund von Blattgold geschmückt. Die Säulen sind oben und unten etwa eine Spanne hoch mit Blei eingefaßt und derart vergoldet und geschnitzt, daß alles aussieht, als wäre es mit Gold bedeckt ... Was die Gärten betrifft ... die ich im Bezirk der Paläste sah, so kann ich mir nichts Herrlicheres und Frischeres vorstellen ... Ich bin sicher, daß auf der ganzen Welt nichts Prachtvolleres und Fesselnderes zu finden ist als diese Festung.»

Vermutlich kann man den Oberen Pater d'Almeidas in Rom keinen Vorwurf daraus machen, daß sie argwöhnten, der Missionar sei der Bekehrte. Aber der prächtige Palast, den er beschreibt, kann gut als Symbol des durchaus unvollkommenen Zustandes der japanischen Gesellschaft gelten. Nur wenige Jahre danach wurde Matsunagas Festung in einem der zahllosen Kriege jener Zeit niedergebrannt.

Um diese Zeit, etwa im Jahre 1570, näherte sich die blutige Politik des «Landes im Kriegszustand» einem Wendepunkt. Die feudalen Fürstentümer Japans waren seit dem Ende des Onin-Krieges im Jahre 1477 praktisch unabhängige Gebiete; ihre Herrscher traten wie Könige auf und wurden von den Europäern auch oft als Könige bezeichnet. An Macht und Unabhängigkeit unterschieden sie sich erheblich voneinander; die Skala reichte von Kleinbaronen, deren wenige Gefolgsleute in Armut lebten, bis zu den reichen Herrschern großer und fruchtbarer Provinzen. Im Verlauf des 16. Jahrhunderts waren die größeren Fürstentümer auf Kosten der kleineren gewachsen, bis schließlich ein paar mächtige Daimyos durch Besitz oder Bündnis den größten Teil des Landes in ihrer Gewalt hatten. Einige von ihnen herrschten über Gebiete, die so blühend und volkreich waren wie manches europäische Königreich, und man kann guten Gewissens sagen, daß es den meisten von ihnen nur noch darum ging, die anderen zu unterwerfen und sich selbst zu Herrschern ganz Japans zu machen. Ihr unmittelbares Motiv war zweifellos Machtgier; doch einige Herrscher hegten dazu den nobleren Ehrgeiz, dem Land Frieden zu bringen.

Trotz seiner politischen Aufteilung verfügte Japan über die wichtigsten Attribute einer Nation. Seine Menschen sprachen sämtlich die gleiche Sprache und befolgten Bräuche, die mehr oder weniger einheitlich waren; sie verkehrten ungehindert miteinander; Nachrichten, Liebhabereien und Neuerungen verbreiteten sich rasch über die Grenzen der einzelnen Herrschaftsbereiche hinweg. Mönche, Pilger und Händler durchreisten das ganze Land. Mochten Kaiser und Shogun auch im Schatten der Machtlosigkeit leben, so waren sie doch Symbole der Einheit, und viele Japaner träumten davon, daß sie ihre alte Stellung wieder einnehmen und daß Ruhe und Frieden ins Land zurückkehren würden.

Die Portugiesen werden vertrieben. Die fehlende Einheit Japans war für die christlichen Missionare von Vorteil gewesen: sie konnten, indem sie den Preis des portugiesischen Handels anboten, einen Daimyo gegen den anderen ausspielen. Doch ob die Ankunft der Europäer die Einigung des japanischen Staates beschleunigte, läßt sich schwer beurteilen. Fraglos machten die «Großen Schiffe» der Portugiesen einen nachhaltigen Eindruck, vor allem ihrer schweren Geschütze wegen, mit denen sie jedes japanische Schiff versenken konnten. Hier war Macht in einer beunruhigenden Form, und nachdem die portugiesischen Seeleute ständig in japanische Häfen kamen, fanden Geschichten über die bedrohlichen «Barbaren aus dem Südwesten» weite Verbreitung.

Doch bereits vor diesem Zeitpunkt dürften japanische Piraten Berichte über die seltsam aussehenden, weitgereisten Männer mit nach Hause gebracht haben, die die Macht der Moslems im Indischen Ozean gebrochen, Handelsniederlassungen an der Küste Chinas gegründet und die Gewürzinseln Indonesiens unter ihre Kontrolle gebracht hatten. Die Piraten müssen auch gehört haben, daß Portugal eine der kleinsten Nationen Europas war und daß bewaffnete Schiffe stärkerer und noch seltsamerer Nationen des Westens angriffslustig die Weltmeere erforschten.

Erst gegen Ende des 16. Jahrhunderts zeigten sich maßgebliche Männer in Japan durch die Bedrohung aus dem Westen beunruhigt. Möglich, daß diese Beunruhigung weiter verbreitet war, als die historischen Unterlagen erkennen lassen. Doch als das 16. Jahrhundert zur Neige ging, brach gegen die christlichen Missionare und ihre Herkunftsländer, die bedrohlichen Nationen des Westens, offene Feindseligkeiten aus. Wieder einmal ging Japan daran, sich einzuschließen. Und dabei wurde es abermals zu einem geeinten Reich, beherrscht von Militärdiktatoren.

7. Die geeinte Nation

Das Chaos der Zeit des «Landes im Kriegszustand» wurde schließlich durch zwei bemerkenswerte Männer, Nobunaga und Hideyoshi, beendet; ihre Tatkraft und ihr Ehrgeiz machten Japan zu einer geeinten Nation. Keiner von ihnen war ein bedeutender Daimyo, sie gehörten nicht einmal einer der führenden Familien an. Nobunaga war seiner Geburt nach ein kleiner Feudalherr; Hideyoshi bildete eine der ganz seltenen Ausnahmen in der hohen Politik Japans — er war ein Bürgerlicher, der nicht einmal den Rang eines Samurai hatte. Beide jedoch waren Meister der Politik wie der Kriegsführung; sie und ihr Nachfolger Tokugawa Ieyasu bestimmten das Geschick Japans in den nächsten drei Jahrhunderten.

Obwohl weder Nobunaga noch Hideyoshi den obersten Gesellschaftsklassen entstammten, brachte die neue Ära keine Verminderung der aristokratischen Vorherrschaft. Besonders der Bürgerliche Hideyoshi machte seiner eigenen bescheidenen Geburt keine Zugeständnisse, sondern tat, was er konnte, um die niederen Klassen auf ihren Platz zu verweisen. Nur in geistiger Hinsicht trennte sich Japan von der Lebensweise der alten Aristokratie. Eine neue Blüte, ein ungehindertes Aufblühen von Kunst und Architektur, weit entfernt von der bescheidenen Zurückhaltung früherer Zeiten, wurde zum Kennzeichen dieser Epoche.

Der erste große Einiger war ein gewalttätiger, grausamer, willensstarker Autokrat namens Oda Nobunaga; er entstammte einer Familie von Gefolgsleuten aristokratischer Landbesitzer in der Provinz Owari, nahe der heutigen Stadt Nagoya. Die Familie hatte ihren Besitz und ihren Einfluß allmählich vergrößern können, bis Nobunagas Vater mächtig genug war, um sich von dem verarmten Kaiser einen Adelsrang zu erkaufen. Als Nobunaga im Jahre 1551 als Nachfolger seines Vaters Familienoberhaupt wurde, war er noch keine zwanzig Jahre alt, und einige seiner Verwandten weigerten sich, seine Führerschaft anzuerkennen. Nobunaga reagierte auf diese Herausforderung mit jener Tatkraft, die für ihn charakteristisch werden sollte. Er stellte eine Bauernarmee von etwa tausend Mann auf und zog gegen die Abtrünnigen zu Felde. Es war ein lokaler Krieg wie viele andere, die zu jener Zeit ausgefochten wurden. In seinem Verlauf tötete Nobunaga seinen jüngeren

Hideyshi (1536–1598) gehörte zu den Feldherren, die dazu beitrugen, die einander befehdenden Feudalstaaten des 16. Jahrhunderts zu einigen. Das Porträt zeigt den traditionellen Stil mit steifen Gewändern und realistisch gezeichnetem Gesicht; der Kopf wurde mehrfach gemalt und die Version, die Hideyshi am besten gefiel, in das Bild eingeklebt.

Bruder und unterwarf die feindlichen Verwandten. Doch das war nur der erste Schritt. Schon im Jahre 1559 hatte er den adligen Daimyo aus Owari vertrieben und sich selbst zum Herrn der Provinz gemacht.

Trotz dieser frühen Erfolge war Nobunaga immer noch ein unbedeutender Herr: er beherrschte ein kleines Gebiet, das dem mächtigen und ehrgeizigen Daimyo Imagawa, der zur Eroberung Kyotos aufgebrochen war, den Weg versperrte. Im Jahre 1560 führte Imagawa ein Heer von 25 000 Mann gegen die Hauptstadt, wo er sich des geschwächten Shogunats zu bemächtigen hoffte. Er rechnete nicht damit, daß Nobunaga ihm größere Schwierigkeiten machen würde, und die ersten Treffen in Owari waren ermutigend. Seine Vorhut eroberte eine Festung und schickte ihm sieben abgeschlagene Köpfe als Siegeszeichen; am gleichen Tag fiel noch eine weitere Festung.

Zu diesem Zeitpunkt verfügte Nobunaga über kaum mehr als dreitausend Mann; doch trotz der schlechten Nachrichten weigerte er sich, in die Defensive zu gehen, geschweige denn, sich auf Verhandlungen einzulassen. Als er erfuhr, daß Imagawas Hauptmacht in einem engen Gebirgspaß rastete, beschloß er, mit einem kühnen Angriff alles zu riskieren; er verließ sich darauf, daß seine genaue Ortskenntnis die Schwäche seines Heeres aufwog. Am 22. Juni 1560 führte er seine kleine Streitmacht über einen Bergpfad, der den Paß flankierte, und attackierte Imagawas Heer, das völlig überrascht und durch einen Wolkenbruch verwirrt war. Die Soldaten rannten in dichtem Regen ziellos in der Schlucht hin und her, und einer von Nobunagas Gefolgsleuten erbeutete den Kopf Imagawas.

An dieser Schlacht waren verhältnismäßig wenig Menschen beteiligt, aber sie wurde ein Wendepunkt der japanischen Geschichte. Andere Befehlshaber bewunderten Nobunagas Kühnheit und seine siegreiche Feldherrnkunst. Über Nacht wurde er zum Nationalhelden, und viele Fürsten traten an seine Seite. Der wichtigste dieser neuen Verbündeten war ein früherer Gegner: jener Offizier Imagawas, der den Angriff auf Owari geführt und Imagawa jene sieben Köpfe geschickt hatte. Er hieß Tokugawa Ieyasu, stieg zur Position eines führenden Feldherrn auf und wurde schließlich zum Herrscher ganz Japans.

Zu jener Zeit war Nobunaga noch immer ein kleiner Daimyo, zumindest was das von ihm beherrschte Gebiet betraf, aber er verfügte über einige bedeutsame Vorteile. In seiner Heimatprovinz Owari lebten zahlreiche begeisterte Kleinfürsten, die den Kampf liebten und Waffen besaßen, mit denen sie kämpfen konnten. Sie würden für sein Heer neuen Stils gute Rekruten abgeben.

In früherer Zeit hatten die japanischen Schlachten vorwiegend aus zahlreichen Einzelkämpfen zwischen adligen Schwertfechtern bestanden. Aber die Zeiten – und die Taktiken – änderten sich. Geschlossene Einheiten gewöhnlicher Soldaten, mit langen Spießen bewaffnet und darauf gedrillt, in enger Schlachtordnung zu kämpfen, hatten bereits bewiesen, daß sie die edlen Krieger schlagen konnten.

Feuerwaffen werden eingeführt. Schon diese Veränderung allein wäre folgenschwer gewesen; das Schwert des Samurai war in Japan seit Jahrhunderten ein fast religiöses Symbol und ein Schrecken für jeden, der es wagte, gegen einen im Schwertfechten geübten Mann anzutreten. Noch einschneidender jedoch war eine zweite Veränderung: die Einführung der Feuerwaffen. Die Luntenschloß-Musketen, die der Daimyo von Tanegashima im Jahre 1542 portugiesischen Abenteurern abkaufte, hatten sich mit erstaunlicher Geschwindigkeit vermehrt. Diese einfachen Gewehre hatten ihre Mängel, aber sie taten ihre Wirkung; und die Japaner stellten bald fest, daß sie nicht schwer nachzumachen waren. Ein portugiesischer Reisender berichtete, daß die Waffenschmiede des Daimyo von Tanegashima in den ersten sechs Monaten, nachdem sie ihnen zum erstenmal begegnet waren, sechshundert dieser neuen Waffen hergestellt hatten.

In japanischen Militärkreisen riefen die Feuerwaffen großes Interesse hervor. Viele Soldaten verachteten sie und nannten sie die Waffen von Feiglingen; unternehmungslustige Feldherrn hingegen gingen, gemessen am wohlbekannten Argwohn hoher Militärs gegenüber jeder Neuerung, außerordentlich schnell zu ihnen über. Werkstätten, die Gewehre herstellten, entstanden überall im Land und fertigten schon bald verbesserte Modelle: Gewehre, die schwere Kugeln abschossen, mit denen man einen Mann in voller Rüstung auf beträchtliche Distanz töten konnte.

Abgesehen davon, daß sie auch auf weite Entfernung tödlich wirkten, besaßen die neuen Waffen den Vorteil, daß sie viel billiger waren als gute Schwerter. Sie waren auch leichter zu handhaben. Lange Ausbildung war unnötig; kräftige Bauernburschen lernten in wenigen Wochen, eine Muskete zu laden und abzufeuern. Infolgedessen waren sie für militärische Emporkömmlinge, die nicht über eine große Schar fechtkundiger Samurai verfügten, doppelt interessant. Nobunaga war einer dieser Emporkömmlinge und begriff rasch, daß die Musketen für seine schnell anwachsenden Heere aus begeisterten, aber ungeschulten Bauern die geeigneten Waffen waren.

Nach seinem großen Sieg über den ehrgeizigen Imagawa im Jahre 1560 stärkte Nobunaga seine Position durch Verhandlungen mit benachbarten Feudalherren, die ihm in den Rücken fallen konnten, wenn er, wie es sein Plan war, auf Kyoto marschierte. Einige von ihnen besänftigte er, indem er sie mit seinen Töchtern oder jüngeren Schwestern verheiratete. Andere vernichtete er durch direkten Angriff oder untergrub ihre Autorität, indem er ihren Vasallen Belohnungen versprach.

Um das Jahr 1567 war seine Position so stark, daß sich wichtige Verbündete um seine Gunst bemühten. Der Kaiser schickte ihm eine geheime Botschaft, in der er seine Siege rühmte und ihn um Hilfe bei der Wiedergewinnung verlorener Provinzen bat; im gleichen Jahr wandte sich auch ein Anwärter auf das Shogunat, Ashikaga Yoshiaki, mit der Bitte um Unterstützung an Nobunaga.

Im Besitz dieser beiden Bitten hielt Nobunaga sich für offiziell autorisiert, nun die Macht in Japan zu ergreifen. Er ließ auf sein Siegel das großsprecherische Motto eingravieren: «Beherrsche das Reich durch Gewalt». Bestürzte Daimyos verbündeten sich gegen ihn, aber er vernichtete sie in einer Reihe blutiger Schlachten. Im Jahre 1568 marschierte er mit Yoshiaki, den er als Shogun einsetzte, in Kyoto ein.

Anfangs sah die Hauptstadt in Nobunaga nur einen ungebildeten Emporkömmling. Doch im Gegensatz zu anderen Provinzbaronen, die die Hauptstadt besetzt hatten, hielt Nobunaga straffe Disziplin unter seinen Soldaten. Sie raubten und plünderten nicht, und er erließ einen strikten Befehl, der allen Zivilisten Schutz sicherte. Das war etwas Neues – hochwillkommen in einer Stadt, in der zahllose ungezügelte Heere gehaust hatten. Bald hatte sogar der Hofadel eine bessere Meinung von Nobunaga und bat ihn, dem Vorbild des Kaisers folgend, um Hilfe bei der Zurückgewinnung verlorengegangener Besitztümer.

Obwohl er im Besitz der Hauptstadt war und die wichtige Legitimität genoß, die ihm die Macht über Kaiser und Shogun einbrachte, war Nobunagas Position nicht gesichert. Er beherrschte Zentraljapan, ein Dutzend reicher Provinzen rings um Kyoto, aber der Großteil des restlichen Landes verweigerte ihm den Gehorsam. Selbst in der unmittelbaren Nähe Kyotos gab es starke, feindselig eingestellte Gemeinden kriegerischer Buddhisten-Sekten. Ein Teil der Mönche waren Söldner, die jedermann mieten konnte. Andere waren völlig ihrer Religion hingegeben und kämpften bis zum letzten Atemzug, um ihre Schreine zu schützen. Nobunaga, der offenbar mit keiner Religion sympathisierte, haßte sie alle, und das war einer der Gründe, weshalb er den christlichen Missionaren so freundlich entgegenkam.

Im Jahre 1569 wurde der jesuitische Missionar Luis Frois Nobunaga vorgestellt. Zu Pater Frois' Überraschung empfing ihn der grausame Herr Kyotos, den jedermann fürchtete, mit herzlicher Freundlichkeit. Des Paters Bericht über diese Begegnung vermittelt das lebendige Porträt eines großen, aber skrupellosen Mannes, der seinen eigenen Landsleuten selten so liebenswürdig begegnete wie diesem fremden Priester.

«Er dürfte etwa 37 Jahre alt sein», schrieb Pater Frois, «ein hochgewachsener Mann, mager, mit dünnem Bart und klarer Stimme, militärischen Übungen sehr zugetan, tapfer, geneigt, Gnade vor Recht ergehen zu lassen, stolz, auf seine Ehre bedacht, sehr zurückhaltend, was seine Pläne angeht, äußerst erfahren in den Listen des Krieges, wenig oder gar nicht gesinnt, von seinen Untergebenen Rat oder Tadel hinzunehmen, aber gefürchtet und geachtet von jedermann. Er trinkt keinen Wein, hat ungeschliffene

Manieren, verachtet all die anderen Könige und Adligen Japans, die er brüsk über die Schulter hinweg anspricht, als wären sie seine Untergebenen ... Nominell gehört er der Hokke-[Lotos-]Sekte an, behauptet aber offen, daß es so etwas wie den Schöpfer des Universums, Unsterblichkeit der Seele oder Leben nach dem Tode nicht gebe. Er ist überaus elegant gekleidet ... und nicht einmal ein Fürst wagt es, mit einem Schwert vor ihm zu erscheinen ...»

Die erste Begegnung des Jesuiten mit diesem unnachgiebigen Charakter fand an einem Ort statt, an dem eine Burg für den Schatten-Shogun erbaut wurde. Nobunaga wanderte umher, einen Umhang aus Tigerfell über groben Gewändern, und beaufsichtigte den Bau, bei dem etwa 25 000 Männer beschäftigt wurden. Der fromme Pater Frois stellte erfreut fest, daß ein großer Teil der Steine für die Burg von Schreinen der heidnischen Buddhisten stammte. «Da für den Bau keine Steine vorhanden waren», schrieb er, «gab er Befehl, viele steinerne Bauwerke niederzureißen, und die Männer banden Seile um die Bauwerke und schleppten sie zur Baustelle. All das erfüllte die Herzen der Einwohner Kyotos mit Schrecken und Verwunderung, denn sie zollen ihren buddhistischen Bauwerken große Verehrung.»

Pater Frois hatte das Glück, Nobunaga kennenzulernen, nachdem der japanische Herrscher gerade den buddhistischen Sekten den Krieg erklärt hatte. Er sah in ihnen die größte Bedrohung seiner Vorherrschaft – immerhin ein Grund, die Missionare der fremden, nichtbuddhistischen Religion als willkommene Verbündete oder zumindest Sympathisierende zu betrachten. Er gewährte Pater Frois viele lange Unterredungen, in denen er den Priester über Portugal und Europa befragte und über das Christentum mit ihm diskutierte. Schließlich erließ er ein Dekret, das den Jesuiten gestattete, in Kyoto zu leben und das Christentum ungehindert zu predigen. Die Buddhisten waren ergrimmt, konnten jedoch nichts dagegen unternehmen. Nobunaga war entschlossen, ihre Macht zu brechen.

Ein Heiligtum wird zerstört. Im Jahre 1571 berichtete Pater Frois mit unverhohlener Befriedigung von der Zerstörung des alten Religionszentrums auf dem Berge Hiei nördlich von Kyoto. Es war einer der heiligsten Orte Japans, buddhistischen und shintoistischen Göttern gleichermaßen geweiht, aber seine reichen und mächtigen Priester hatten Nobunaga erzürnt, indem sie seine Feinde unterstützten. Er versammelte ein Heer von 30 000 Mann und umstellte den Berg. Die Mönche versuchten, sich mit fünfhundert Barren Gold loszukaufen. Als Nobunaga ablehnte, zogen sie sich in den großen Tempel des Shinto-Gottes Sanno zurück. Die meisten Einwohner der Dörfer, die ihnen tributpflichtig waren, folgten ihnen.

Pater Frois beschreibt, was dann geschah: «Als er wußte, daß sie sich alle auf dem Gipfel des Berges befanden, befahl Nobunaga, Sakamoto anzuzünden und alle Menschen, die sich in der Stadt aufhielten, dem Schwert zu überantworten ... Um den Bonzen [Mönchen] zu zeigen, wie wenig ihn die Strafen Sannos kümmerten, ließ er alle Tempel dieses heiligen Ortes niederbrennen ... auch vernichtete er durch Feuer die sieben Universitäten, so daß nichts von ihnen übrigblieb. Dann ... gab er Befehl, zum Gipfel vorzurücken. Die Bonzen konnten einem so heftigen Angriff nicht widerstehen, und wie die Männer, Frauen und Kinder von Sakamoto kamen sie durch das Schwert um.»

Das blutige Massaker auf dem Berge Hiei war nur ein Auftakt all der Grausamkeiten, die noch folgen sollten. Nobunaga griff die Buddhisten an, wo immer er sie antraf. An der Westküste von Hondo ließ er eine Festung, die Widerstand leistete, mit einer Mauer einschließen und alles, was sich innerhalb des Mauerringes befand, niederbrennen, wobei 20 000 Menschen, die dort Schutz gesucht hatten, in den Flammen umkamen.

Samurais kontra Infantrie. Eine dieser Aktionen gegen die Daimyos, die Schlacht von Nagashino im Jahre 1575, ist ein Meilenstein in der Geschichte des japanischen Kriegswesens. Nobunaga bezog Stellung mit der erbärmlichen Streitmacht von 3000 Musketieren und erwartete den Angriff der traditionellen Samurai-Kavallerie. Die prachtvoll gerüsteten Reiter kamen, ihre furchtbaren Schwerter schwingend, reihenweise angeritten, und jede Reihe wurde von einer disziplinierten Salve niedergemäht. Die Musketiere feuerten nicht sämtlich zur gleichen Zeit: nachdem eine Gruppe ihre Waffen abgefeuert hatte, trat sie zurück, um neu zu laden, während eine andere Gruppe sich schußbereit machte. Als die Musketiere vier Reihen Reiterei hingeschlachtet hatten, war die Schlacht vorüber.

Andere Feldherren lernten aus der Lektion. Kavallerietruppen wurden zu einer zeremoniellen, kaum noch im Kampf eingesetzten Einrichtung, und die Musketen wurden zur bevorzugten Waffe. Diejenigen Klöster, die Nobunaga noch nicht zerstört hatte, ließen Gewehre herstellen; die freie Stadt Sakai wurde zu einem geschäftigen Arsenal, das jeden, der zahlen konnte, mit Musketen belieferte. Vermutlich war Nobunagas Heer im Jahre 1575 im exakten Musketendrill weiter fortgeschritten als jedes Heer Europas.

Der Gegner, der Nobunaga nach der Schlacht von Nagashino in Zentraljapan am meisten zu schaffen machte, war das große Hongonji-Kloster in Osaka, das heilige Zentrum der reichen und mächtigen Sekte der Amidisten. Es war stark befestigt und wurde von Anhängern in vielen Teilen des Landes unterstützt. Nobunaga belagerte es, und um es von See her zu blockieren, verwendete er Schiffe, die mit kleinen Geschützen bewaffnet und mit Eisenplatten verkleidet waren.

Die Mönche von Hongonji ergaben sich schließlich; der Kaiser hatte sie dazu gedrängt, und seine Intervention rettete ihnen das Gesicht und ersparte Nobunaga Schwierigkeiten. Aber die Macht der Amidisten war gebrochen, und Nobunaga war Herr von Osaka.

Kriegermönche, das Schwert in der Hand, waren die Verteidiger des Tempels von Honganji, der den Eroberungsversuchen Nobunagas (1534–1582) elf Jahre lang Widerstand leistete. Diese Mönche hielten auch den Tod in der Schlacht für einen Weg zur Erlösung.

Obwohl Nobunaga fast ununterbrochen im Felde stand, bewies er auch ein beträchtliches Geschick in der nichtmilitärischen Staatskunst. Er begriff durchaus den Wert traditionellen Vorgehens in der Politik. Einer seiner ersten Schritte nach dem Einmarsch in Kyoto war es, den baufälligen kaiserlichen Palast wieder aufzubauen und dem Kaiser ein Einkommen zu sichern,

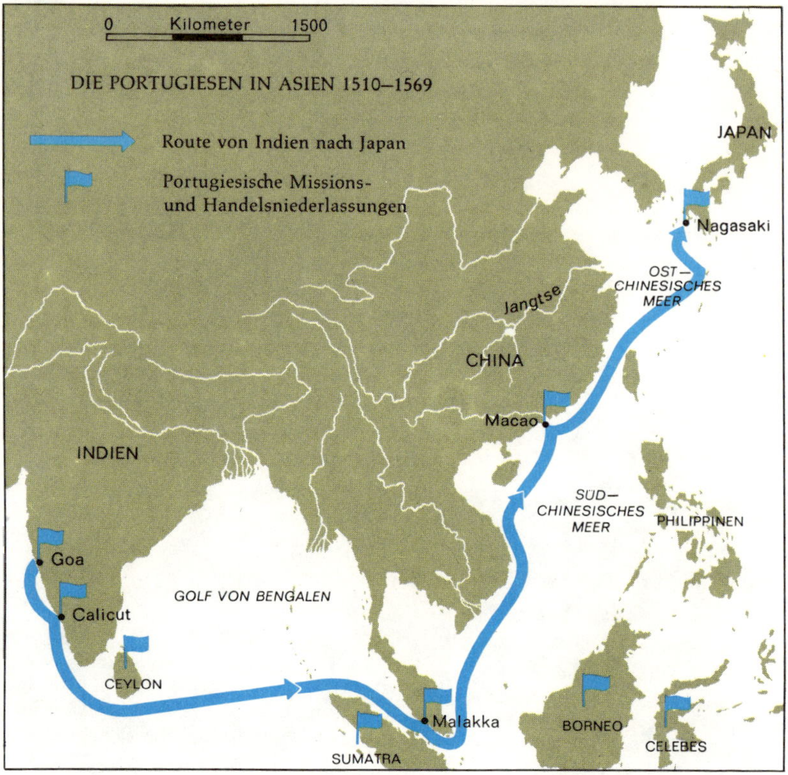

Die Portugiesen richteten in Indien und Südostasien die auf dieser Karte gezeigten Missions- und Handelsniederlassungen ein. Erst gegen Ende des 16. Jahrhunderts zeigte man sich in Japan von dem Vordringen der Portugiesen beunruhigt. Als man allerdings um 1615 in den Portugiesen eine echte Gefahr für Japan sah – vor allem die beachtlichen Erfolge portugiesischer Missionare gaben den Anlaß dazu – brachen gegen alles Westliche offene Feindseligkeiten aus. Wieder einmal begann Japan, sich einzukapseln.

das ihm erlaubte, «angemessene Pracht zu entfalten». Eine Zeitlang unterstützte er auch den Schatten-Shogun Yoshiaki, schickte ihn jedoch in die Verbannung, als er Anstalten machte, eigenmächtig zu handeln. Damit fand das Shogunat der Ashikaga sein Ende; Nobunaga hätte auch den Kaiser verbannt, wenn es notwendig gewesen wäre. Er erklärte Pater Frois: «Macht Euch keine Sorgen wegen des Kaisers oder des Shoguns. Ich habe alle Macht in der Hand.»

Schärfer als die meisten anderen Heerführer erkannte Nobunaga die Bedeutung von Handel und Finanzwesen. Er versuchte nicht, die Handelsstadt Sakai zu erobern; vielmehr gewann er ihre reichsten Kaufleute als Freunde und Anhänger, und auf diese Weise wurde die Stadt für ihn zu einer verläßlichen Quelle für Gewehre, Munition und anderes Kriegsmaterial. Er begriff auch, was sich durch Prunk und militärische Schaustellung erreichen ließ. Er hob die Disziplin seiner Bauern-Soldaten, indem er sie in hübsche Uniformen kleidete und in Formationen marschieren ließ. Beide Ideen sind vielleicht europäischen Ursprungs, und für eine große Truppenparade, die er im Jahre 1581 abhielt, mag ähnliches zutreffen. Seine Feldherren waren angewiesen, in ihren prächtigsten Kostümen zu erscheinen, um ein Heer von 20 000 Berittenen in vollem Galopp an der Tribüne des Kaisers vorbeizuführen.

Diese prachtvolle Zeremonie markierte den Gipfelpunkt von Nobunagas Laufbahn. Ein Jahr später war er tot. 1582 kämpften seine Heerführer immer noch gegen widerspenstige Daimyos, aber sie machten gute Fortschritte und Nobunaga hatte vor, nur an der Schlußphase des Feldzugs teilzunehmen. Sein Ende kam plötzlich. Als er sich in Kyoto aufhielt, umringten ihn in der Dämmerung auf einmal Soldaten des Feldherrn Akechi Mutsuhide, eines Mannes, der für loyal gehalten wurde. Pater Frois berichtet, was geschah: «Als Akechis Männer die Palasttore erreichten, konnten sie sogleich eindringen; niemand leistete Widerstand, weil man keinerlei Verrat argwöhnte. Nobunaga hatte sich gerade Gesicht und Hände gewaschen und trocknete sich mit einem Handtuch ab, als sie ihn fanden. Sie schossen ihm sogleich einen Pfeil in die Seite. Er zog den Pfeil heraus und stürzte sich mit einer *naginata* auf sie, einer Waffe mit langer Klinge in der Art einer Sense. Er kämpfte einige Zeit, doch nachdem eine Kugel ihm den Arm zerschmettert hatte, zog er sich in seine Kammer zurück und schloß die Tür. Manche behaupten, er hätte sich den Bauch aufgeschlitzt; andere glauben, er habe den Palast in Brand gesteckt und sei in den Flammen umgekommen. Wir wissen nur . . . daß von diesem Mann, vor dem alle zitterten — nicht nur beim Klang seiner Stimme, sondern schon bei Erwähnung seines Namens —, nicht ein Haar übrigblieb, das nicht zu Staub und Asche wurde.»

Nobunaga war ein über die Maßen grausamer Tyrann; doch sein Tod war für die Jesuiten, die seinen Schutz genossen hatten, ein schwerer Schlag. Als er starb, zählten sie nur etwa 150 000 Bekehrte. Viele davon waren von ihren Feudalherren zur Konversion gezwungen worden; und selbst wenn sie sämtlich echte Christen gewesen wären, hätten sie noch immer einen ganz unbeträchtlichen Teil der japanischen Bevölkerung ausgemacht, die sich zu jener Zeit auf etwa zwanzig Millionen belief. Dennoch machten die Missionare gute Fortschritte, und die Zukunft sah «rosig» aus. Ihre Schulen begannen, japanische Priester zu entlassen; einige von ihnen waren bereits Mitglieder des Jesuitenordens. Nun jedoch war ihr mächtiger Gönner Nobunaga tot, und sein Nachfolger würde ihnen kaum so günstig gesinnt sein, wie er es gewesen war.

Ein Bauernsohn wird Herrscher über Japan. Der Nachfolger war Hideyoshi, für viele Japaner der größte Mann, den ihre Nation je hervorbrachte. Er war Nobunagas erster Feldherr gewesen und hatte einen langen Feldzug gegen widerspenstige Daimyos im Westen von Hondo geleitet. Als er von der Ermordung Nobunagas erfuhr, eilte er zurück nach Kyoto und hatte binnen sieben Tagen seinen Mörder getötet und seine beiden Söhne gefangengesetzt. Sein Rivale Tokugawa Ieyasu, gleichfalls ein Günstling Nobunagas, zog sich in die östlichen Provinzen zurück; damit war Hideyoshi Herr Zentraljapans. Sein Erfolg muß viele konservative Japaner schockiert haben, denn er war der Sohn eines gewöhnlichen Soldaten bäuerlicher Herkunft. In der gesamten Geschichte Japans war ein Mann von so niederer Geburt noch nie so hoch gestiegen.

1549 erreichten die Portugiesen Japan. Von ihrem Hauptquartier in Nagasaki aus verbreiteten die Missionare das Christentum über ganz Japan. Um 1614 zählten sie bereits 300 000 Bekehrte; doch in den folgenden Jahren setzten schwere Christenverfolgungen ein; um 1640 befand sich kein Portugiese mehr in Japan.

DAS CHRISTENTUM IN JAPAN 1549–1640

Vorwiegend christliche Gebiete

✝ Gebiete, in denen christliche Gemeinden existierten

PAZIFISCHER OZEAN

0 Kilometer 300

Hideyoshi standen noch viele Kämpfe bevor, aber er kannte den Wert zeitgemäßer Kompromisse. Er versöhnte Ieyasu, indem er ihn zum Verwalter der östlichen Provinzen machte, und er schloß mit einigen hartnäckigen Daimyos Frieden, ohne Blut zu vergießen.

Schon bevor er Herr ganz Japans war, begann Hideyoshi seine Macht mit Hilfe weitreichender politischer Maßnahmen zu festigen. Er erließ eine Vielzahl einschränkender Gesetze, die das Land in ein starres Feudalsystem zwangen und vor allem ehrgeizigen Bürgerlichen, zu denen er selbst gehörte, den Aufstieg unmöglich machten. Seine Gesetze richteten sich gegen die bewaffneten Bauern und kleinen Landbesitzer, die noch nie so frei und wohlhabend gewesen waren wie jetzt, im ausgehenden 16. Jahrhundert. Viele von ihnen hatten sich während der Bürgerkriege zusammengeschlossen, um sich gegen die Feudalherren zu wehren und die Steuereinnehmer aus ihren Dörfern zu vertreiben.

Hideyoshi war seiner Geburt nach selbst ein Angehöriger dieser großen und lautstarken Klasse, aber er schätzte sie keineswegs; ihm war klar, daß sie für die Militäraristokratie, der er jetzt selbst angehörte, eine Bedrohung darstellte, und er war entschlossen, sie nicht an die Macht gelangen zu lassen. Sein erster Schritt war eine Landvermessung, bei der alles Land auf seine Erträge abgeschätzt wurde. Sie dauerte viele Jahre, und die Landbevölkerung leistete erbitterten Widerstand; sie begriff, daß es nur darum ging, die höchste Steuerlast zu ermitteln, die ihr auferlegt werden konnte. Gleichzeitig mit der Landvermessung wurde Hideyoshis «Schwerterjagd» durchgeführt: eine Beschlagnahme aller Waffen der Bürgerlichen, einschließlich der Gewehre. Den Bauern wurde erklärt, aus dem Metall der von ihnen abgelieferten Waffen würde man eine riesige Buddha-Statue errichten und auf diese Weise zu ihrem Wohlergehen in einem späteren Leben beitragen.

Um die soziale Stabilität noch weiter zu sichern, veranlaßte Hideyoshi alle Daimyos, strenge Anweisungen zu erlassen, die für alle Bevölkerungsschichten die Freizügigkeit praktisch aufhoben. Bauern durften ihr Land nicht verlassen, sonst drohten ihnen schwere Strafen. Die Handwerker in den Dörfern durften nicht in eine Stadt ziehen, und wenn einer sich «davonmachte», traf die Strafe, häufig die Todesstrafe, seine Verwandten.

Das neue soziale System kann sich in der Praxis nicht so beengend ausgewirkt haben, wie es auf dem Papier den Anschein hat. Es traf zwar die Bauern hart, beließ jedoch den Städten und Ortschaften relativ viel Freiheit. Im Grunde war Japan, trotz der endlosen Kriege unter Nobunaga, ein fortschrittlich eingestelltes, blühendes Land; die Verhältnisse besserten sich sogar noch, als Hideyoshi begann, ihm Ordnung aufzuzwingen. Die Nahrungsmittelproduktion stieg; die niedergebrannten Städte und Dörfer wurden rasch wieder aufgebaut. Das neue Steuersystem wurde streng durchgeführt und ließ einen ständig wachsenden Strom von Geldmitteln in den Staatsschatz fließen; Hideyoshi gelangte in den Besitz unerwarteten Reichtums und legte ihn in Schlössern und Palästen an, die prachtvoller waren als alles, was Japan zuvor gesehen hatte.

Hideyoshi war redegewandt und gesellig, ein weit umgänglicherer Mann als Nobunaga. Niemand hielt ihn für grausam; er liebte Wein und Unterhaltung und hielt sich zahlreiche hübsche junge Konkubinen. Man konnte ihn kaum einen gebildeten Mann nennen, aber ihm lag daran, als Gönner der Künste zu gelten, und er versammelte die führenden Maler, Dichter und Schauspieler des Landes um sich.

Während seiner Herrschaft gelangte die Momoyama-Periode der Kunst (benannt nach einem seiner Paläste) zur Blüte. Man hat sie als das japanische Rokoko bezeichnet; offenkundig hatten der Friede, die nationale Einheit und der Außenhandel jener Zeit eine Atmosphäre der Zuversicht entstehen lassen, die ihren Charakter prägte. Auch die persönliche Ausstrahlung Hideyoshis mag zu ihrem Überschwang beigetragen haben. Mit der strengen und subtilen Einfachheit der Ashikaga-Zeit war es vorbei. Die Gemälde der Momoyama-Periode strahlen in leuchtenden Farben, oft vor einem Hintergrund aus Blattgold. Auch die vom Zen-Buddhismus gepredigte Zurückhaltung und Disziplin waren verschwunden. Die Momoyama-Gemälde prunkten mit einer Detailfülle, die oft sogar die Gesamtwirkung der Komposition beeinträchtigte.

Auch die Gebäude der Momoyama-Zeit waren alles andere als karg. Die Innenräume der Schlösser waren oft mit kunstvollen, zum Teil vergoldeten Schnitzereien getäfelt. Noch prunkvoller war die Einrichtung von Hideyoshis bevorzugtem Wohnsitz, dem Palast von Osaka. Dem Bericht eines Gastes nach waren sämtliche Haushaltsgeräte und Beschläge – Kessel, Schüsseln, Schlösser und Türangeln – aus purem Gold.

An religiösen Fragen war Hideyoshi nicht im mindesten interessiert, aber er haßte die Buddhisten ebensosehr, wie Nobunaga sie gehaßt hatte; die Jesuiten begegneten ihm deshalb mit beträchtlichen Hoffnungen. Sie stellten erfreut fest, daß einige bekehrte Daimyos zu seinen Vertrauten zählten, und als auch der Hofarzt, einer der führenden Gelehrten Japans, zum Christentum übertrat, begannen sie einzusehen, daß Nobunagas Tod doch kein allzu großer Verlust für die christliche Sache gewesen war. Hideyoshi ehrte sie zudem noch mit einer weiteren freundlichen Geste, indem er ihre Kirche in Kyoto besuchte und sich mit dem amtierenden Priester unterhielt. Er erklärte, am Christentum mißfalle ihm einzig, daß ein Mann nicht mehrere Frauen haben dürfe. «Wenn man das ändern könnte», sagte er, «ließe ich mich bekehren.»

Die Jesuiten konnten ihm nicht versprechen, daß diese Vorschrift ihres Glaubens geändert würde, aber sie hatten das Gefühl, daß der neue Diktator dennoch ihr Freund war. Dieser Eindruck bestätigte sich im Jahre 1586, als Pater Gaspar Coelho, der Vize-Provinzial ihres Ordens, das Schloß von Osaka besuchte. Hideyoshi selbst führte die Christen durch seinen pracht-

Zum Bild auf den Seiten 154/155: Die japanischen Feudalherren des 16. und frühen 17. Jahrhunderts brauchten feste Burgen, um ihre winzigen Königreiche in den fast ununterbrochen wütenden Kleinkriegen verteidigen zu können. Die Tradition forderte, daß über dem Zweck der Sicherheit das Ästhetische nicht vergessen wurde. Die Burgen waren von Bäumen und Teichen umgeben. Eine dieser Burgen lag bei Himeji – der weißen Mauern wegen der Weiße Reiher genannt. Sie nahm ungefähr 6 ha Land ein, durchzogen von starken Mauern und labyrinthischen Pfaden, die angreifende Gegner in Hinterhalte führten, bevor sie noch die eigentlichen Verteidigungszentren – vier gewaltige Türme – erreichten. Die Ausläufer der Burg begannen am Fuß des Hügels, die Türme erhoben sich auf seinem Gipfel, und die Pfade, die zu ihnen hinaufführten, waren steil und durch eingebaute Fallen für Fremde so gut wie unbegehbar. Der strategische Wert seiner Lage rechtfertigte die gewaltige Verteidigungsanlage des Weißen Reihers. Himeji beherrschte die Verbindungen zwischen den westlichen Gebieten Japans und der Hauptstadt Kyoto.

Rechts: Das Gemach einer Prinzessin, jetzt allerdings ohne die früher luxuriöse Einrichtung.

vollen Palast, ihm voraus, wie der aufmerksame Pater Frois berichtet, «ein reich gekleidetes junges Mädchen, das sein Schwert auf der Schulter trug und mit dem er von Zeit zu Zeit plauderte». Nach dem Rundgang durch das Schloß erneuerte Hideyoshi die besonderen Rechte und Privilegien, die Nobunaga den Jesuiten gewährt hatte. Er erzählte ihnen auch von seinem Plan, China zu erobern, und machte den Patres einen überraschenden Vorschlag. Wenn sie ihm für diese Abenteuer zwei große portugiesische Schiffe verschafften, sei er bereit, in ganz China Kirchen erbauen zu lassen und allen Chinesen zu befehlen, Christen zu werden.

Pater Coelhos Antwort darauf galt später als schwerer Fehler. Er versprach nicht nur die portugiesischen Schiffe, sondern auch noch weitere Hilfe aus Portugiesisch-Indien, und erbot sich überdies, Hideyoshis Einflußnahme auf den christlichen Daimyo von Kyushu zu unterstützen. Hideyoshi schien erfreut, aber den erfahrenen Jesuiten war unbehaglich zumute. Einer von ihnen, Pater Alessandro Valignano, mutmaßte später, was Hideyoshi gedacht haben mochte: «Dieser Pater Provinzial ist sehr reich und hat großen Einfluß. Eines Tages wird er gegen mich kämpfen wie der Abt von Honganji gegen Nobunaga.»

Ungeachtet dieser Vorahnungen stellten die Jesuiten fest, daß Hideyoshi ihnen mit unveränderter Freundlichkeit begegnete. Erst einige Monate nach dem Besuch der Christen im Palast von Osaka änderte er seine Haltung plötzlich und befahl allen Missionaren – es waren inzwischen über hundert –, Japan zu verlassen. Pater Coelho versuchte es mit Bitten, erzürnte Hideyoshi damit aber nur noch mehr. Dann machte der Vize-Provinzial den Fehler, militärische Hilfe von den Portugiesen in Macao und Goa und von den Spaniern auf den Philippinen zu erbitten; außerdem versuchte er, ein Bündnis der christlichen Daimyos zustande zu bringen, die sich dem Ausweisungsbefehl widersetzen sollten. Diese Verhandlungen wurden Hideyoshi zum größten Teil hinterbracht, und er bestand darauf, daß die Missionare mit dem nächsten portugiesischen Schiff das Land verließen.

Doch dieser Ausweisungsbefehl wurde nie durchgesetzt. Nur wenige der Jesuiten verließen Japan; die meisten versteckten sich eine Zeitlang und erschienen dann wieder, um ihre Missionstätigkeit so unauffällig wie möglich fortzusetzen. Ihre Zurückhaltung schien Hideyoshi zu befriedigen; dennoch diskutierten sie lange und ernsthaft über die Gründe des Ausweisungsbefehls. Manche Jesuiten hielten ihn für eine impulsive Maßnahme. Andere hielten ihn für ein Zeichen des Argwohnes, daß die Christen Japans neugewonnene Einheit oder sogar seine Unabhängigkeit bedrohen könnten.

Diese letzte Vermutung schien durchaus logisch. Um 1587 wußten die Japaner bereits allerhand über die Welt im Westen. Einige von ihnen hatten Europa besucht, und was sie dort gesehen hatten, war kaum geeignet, ihr Mißtrauen zu vertreiben. Der größte Teil Europas war zu jener Zeit in die blutigen Kriege zwischen Katholiken und Protestanten verstrickt, und die Jesuiten, in Japan Männer des Friedens, waren dort die aktiven Anführer eines militanten Katholizismus. Vielleicht noch beunruhigender war das Auftreten der Spanier im Fernen Osten. Die Portugiesen beschränkten sich im allgemeinen auf friedlichen Handel, die Spanier dagegen waren auf Eroberungen aus und machten aus ihren Absichten kein Geheimnis. Im Jahre 1575 hatten sie die Insel Luzon in den Philippinen erobert und einen starken Außenposten in Manila errichtet. Die Japaner wußten davon, weil sie selbst Niederlassungen auf den Philippinen besaßen; vermutlich hörten sie, wie sich die Spanier – völlig zu Recht – damit brüsteten, die spanische Militärmacht sei der Schrecken der westlichen Welt.

Wenn Hideyoshi fürchtete, die Christen, insbesondere die gut bewaffneten und ihrer Angriffslust wegen berüchtigten Spanier, könnten den Kern einer Liga bilden, die seinen Sturz vorbereiteten, so hatte er Gründe für diese Besorgnis. Sein Ausweisungsbefehl mag lediglich eine Mahnung für die Jesuiten bedeutet haben, sich aus der japanischen Politik herauszuhalten; seine Durchsetzung unterblieb vermutlich absichtlich, um den wertvollen portugiesischen Handel nicht zu gefährden.

Auf jeden Fall nahm das relativ unbedeutende Problem der Christen in

Hideyoshis Denken nicht den ersten Platz ein. In den östlichen Provinzen und im äußersten Norden hatte er immer noch hartnäckige Feinde. Gemeinsam mit seinem Verbündeten Ieyasu stellte er ein großes Heer auf, und im April 1590 verließ er Kyoto an der Spitze einer disziplinierten Streitmacht von etwa 200 000 mit den neuesten Waffen ausgerüsteten Soldaten.

Frieden und ein geeintes Japan. Das erste Ziel seines Feldzugs lag im Osten – die stark befestigte Burg Odawara der mächtigen Familie Hojo, entferten Verwandten der Hojo-Regenten der frühen Feudalzeit. Hideyoshi griff nicht sofort an – das hätte ihm blutige Verluste gebracht; er richtete sich vielmehr darauf ein, sie zu belagern. Während er darauf wartete, daß bei den Verteidigern der Hunger ausbrach, schrieb er seiner Frau einen rührenden Brief, der andeutet, daß nicht nur Gefühle, sondern auch Patriotismus ihn bewegten. «Ich sehne mich nach dem Jungen Herrn [seinem kleinen Sohn Tsurumatsu]», schrieb er, «aber ich muß meine Sehnsucht vergessen. Wenn wir Odawara zerstören, ist der Weg frei nach Dewa und Mutsu. Das bedeutet ein Drittel ganz Japans, und obwohl ich alt werde, muß ich an die Zukunft und an mein Land denken.»

Er bat seine Frau auch, ihm seine Lieblings-Konkubine Yodogimi, die Mutter Tsurumatsus, zu schicken. Um die anderen Männer zu unterhalten, ließ er Mädchen aus der Umgebung kommen, dazu Tänzer, Musiker und Kurtisanen aus der Hauptstadt. Seine Offiziere durften ihre Frauen kommen lassen; Kaufleute erschienen, um sie mit allem Luxus zu versorgen. Diese Vorbereitungen einer langen komfortablen Belagerung waren zuviel für die Hojo; sie kapitulierten nach ein paar Monaten. Hideyoshi behandelte sie halbwegs großzügig und verlangte nur von zweien ihrer Anführer, daß sie Selbstmord begingen. Die Barone in Dewa und Mutsu unterwarfen sich ihm kurze Zeit später. Zum erstenmal seit mehr als hundert Jahren herrschte Frieden in Japan. Zum erstenmal war es zudem eine geeinte Nation.

8. Ein verschlossenes Reich

Im 17. Jahrhundert revidierten die Japaner abermals ihre Einstellung gegenüber allem Fremden. Sie «schlugen der Außenwelt die Tür vor der Nase zu». Mehr als zwei Jahrhunderte lang wurden auswärtige Einflüsse von Japan ferngehalten; auch die Japaner durften ihr Land nicht verlassen. In ihrer Isolierung entgingen ihnen natürlich die intellektuellen, sozialen und wirtschaftlichen Entwicklungen, die den Westen während dieser Zeit umformten. Dennoch herrschte bei ihnen kein Stillstand. Sie machten auf einem ganz und gar eigenen Weg Fortschritte, die ihnen gestatteten, ohne weiteres ihre Rolle in der modernen Welt zu übernehmen.

Dieser Rückzug in einen Zustand der Abgeschlossenheit, von den Japanern «verschlossenes Land» genannt, war eine Reaktion auf den Einfluß europäischer Religion, Technologie und Philosophie, den man für eine Bedrohung der bestehenden Ordnung hielt. Damit fand eine Periode der Expansion, die im 16. Jahrhundert begonnen hatte, ein jähes Ende. Als Hideyoshi Japan im Jahre 1590 einte, war sein Land an Fremden interessiert und seiner selbst sicher. Hideyoshis Selbstvertrauen ging so weit, daß er einen in der japanischen Geschichte beispiellosen Schritt plante: auswärtige Eroberungen großen Ausmaßes.

Das chinesische Abenteuer. Hideyoshi hatte vor, China zu erobern – ein Plan, den man als Ausgeburt des Größenwahns bezeichnet hat. In Wirklichkeit war der Plan, wenn auch gewiß unüberlegt, so doch keineswegs absurd. Japanische Piraten und bewaffnete Kaufleute hatten in vielen fernen Ländern mühelos Macht und Reichtum gewonnen; Hideyoshi mag gedacht haben, daß seine eigenen großen Heere, jetzt frei von Bürgerkriegen, in der Lage sein müßten, bis ans Ende der Welt zu marschieren. Dann aber war China eine leichte Beute. Die Ming-Dynastie war schwach und durch innere Unordnung korrumpiert.

Im Mai 1592 landete Hideyoshis Streitmacht – etwa 150 000 Mann, reichlich mit Gewehren ausgestattet – in Korea, einem damals den Chinesen

Zu Beginn des 17. Jahrhunderts entwickelte sich das Kabuki, eine außerordentlich farbige und melodramatische Theaterform. Das Publikum war begeistert von dem Pomp des Kabuki. Auf der Bühne wurde dem Volk in bizarrer Form das gezeigt, was es selbst nie erreichen konnte: höfischer Glanz, Schönheit und Luxus in Vollendung. Rechts: Eine Kurtisanengruppe, die nicht mitspielt, sondern sich nur aus Gründen der traditionellen symmetrischen Gruppierungen beim Kabuki-Theater auf der Bühne befindet.

Besonders begeisterte sich das Publikum an Szenen, in denen Bürgerliche ihre Gegner von höherem Rang in der Liebe oder im Zweikampf besiegten. So ist die Auseinandersetzung zwischen einem jungen Bürgerlichen und einem brutalen Samurai das Thema eines der berühmtesten Stücke des Kabuki: Sikeroku, ein Drama, das auch heute noch in traditioneller Form aufgeführt wird. Links oben: Agemaki, die umworbene Kurtisane; rechts oben: der Bürgerliche Sukeroku; links: Ikyu, ein alter, arglistiger Samurai.

Um eine «Gefährdung der öffentlichen Moral» zu verhindern, wurden schon 1629 alle Schauspielerinnen von der Bühne verdammt; seitdem werden alle Rollen von Männern gespielt, wodurch unbeabsichtigt einer der ganz typischen Verfremdungseffekte des Kabuki erreicht wurde.

tributpflichtigen Staat, als erster Station des Marsches auf die Ming-Hauptstadt Peking. Die Chinesen taten anfangs gar nichts. Die Koreaner leisteten Widerstand, unterlagen aber bald, und Hideyoshis Feldherren rückten vor. Ihre Heere zogen fast unbehindert über die Halbinsel; eines von ihnen besetzte Seoul und später Pjöngjang, die heutige Hauptstadt Nordkoreas, und trieb den König von Korea bis an den Fluß Jalu; von hier aus bat er um Hilfe aus China. Endlich besannen sich die Chinesen; sie stellten ein großes Heer auf und drängten die Japaner wieder die Halbinsel hinab. Im

Jahre 1597 fand eine zweite Invasion statt, aber die Japaner gewannen ihre anfängliche Stoßkraft nicht wieder und zogen sich schließlich zurück.

Während Hideyoshi mit seinem chinesischen Abenteuer beschäftigt war, erholten sich die Jesuitenmissionare in Japan von den ihnen aufgezwungenen Beschränkungen. Das Gesetz von 1587, das ihre Ausweisung befahl, war so gut wie vergessen; bekehrte Japaner wurden selten belästigt und gewannen rasch an Zahl und Einfluß. Doch etwas anderes machte den Jesuiten Sorge: die hartnäckigen Versuche der mit ihnen rivalisierenden Franziskaner, von den spanisch besetzten Philippinen her in Japan einzudringen. Die spanischen Franziskaner gingen nicht auf die gleiche Weise vor wie die portugiesischen Jesuiten; anstatt ein Land zu christianisieren, indem sie zuerst die regierenden Stände bekehrten, wandten sie sich mit emotionalen Appellen an die Massen auf den Straßen. Die Jesuiten befürchteten, daß diese revolutionäre, aggressive Taktik den Widerstand der japanischen Machthaber hervorrufen würde.

Trotz aller Versuche der Jesuiten, die Franziskaner nicht einzulassen, landeten im Jahre 1593 einige von ihnen; Hideyoshi empfing sie mit scheinbarer Freundlichkeit. Sie waren von Japan begeistert; weitere Franziskaner kamen aus Manila und benahmen sich, als wäre nie ein Ausweisungsbefehl ergangen. Ein paar Jahre lang stieß ihre aggressive Missionstätigkeit bei den Japanern kaum auf Widerstand, doch dann geschah es, daß im Jahre 1596 eine große spanische Galeone aus Manila an der Küste der Insel Shikoku antrieb. Sowohl der Samurai von Shikoku wie auch Hideyoshis lokaler Statthalter beanspruchten ihre reiche Ladung, und in dem Disput, der sich daraus ergab, beging einer der Schiffsoffiziere einen entscheidenden strategischen Fehler. Wenn ihm die Fracht nicht zurückgegeben würde, drohte er, würde der König von Spanien Japan erobern. Unseligerweise erwähnte er auch den spanischen Brauch, den Weg spanischer Eroberungszüge durch Missionare ebnen zu lassen.

Diese Äußerungen wurden Hideyoshi hinterbracht; er reagierte rasch und verurteilte die Franziskaner zum Tod am Kreuz. Am 5. Februar 1597 wurde das grausame Urteil vollstreckt. Sechs Franziskaner, siebzehn ihrer japanischen Schüler und drei japanisch-jesuitische Laienbrüder (die versehentlich mitverhaftet worden waren) wurden in Nagasaki gekreuzigt. Eine Zeitlang hatte es den Anschein, als habe Hideyoshi, nachdem er mit den Franziskanern kurzen Prozeß gemacht hatte, die Absicht, das Christentum vollständig auszurotten. Aber die Verfolgung ließ nach, vermutlich weil er die Jesuiten immer noch brauchte, um den Handel mit portugiesischen Schiffen zu fördern. Im nächsten Jahr, 1598, starb er; den Christen war eine weitere Atempause vergönnt.

Hideyoshis Nachfolger war Tokugawa Ieyasu, sein alter Verbündeter und Stellvertreter in den östlichen Provinzen Hondos. Ieyasu glitt geschmeidig auf Hideyoshis Platz, indem er den Vorsitz eines Regentschafts-

rates übernahm, der im Namen von Hideyoshis fünfjährigem Sohn regieren sollte; Ieyasu setzte ihn später ab. Der unausbleibliche Aufstand der Barone ließ nicht auf sich warten, aber Ieyasu siegte 1600 in der Schlacht von Sekigahara, und im Jahre 1603, als er 61 Jahre alt war, erhob ihn der Kaiser zum Shogun. So begann das Tokugawa-Shogunat, das Japan 264 Jahre lang (bis 1867) regieren sollte.

In den ersten Jahren seiner Herrschaft duldete Ieyasu das Christentum, wenn er es auch nicht gerade begünstigte. Wie Hideyoshi lag ihm sehr an europäischem Wissen und Handel, und er fürchtete, beides würde ausbleiben, wenn er die Jesuiten verfolgte. Doch die Ereignisse in Europa ließen ihn bald anders denken. Schon seit einigen Jahren forderten die tatkräftigen niederländischen Protestanten die Seemacht der katholischen Länder Spanien und Portugal heraus, und im Jahre 1600 lief das erste niederländische Schiff, die *Liefde*, in die Beppu-Bucht auf Kyushu ein. Als die Jesuiten in Nagasaki hörten, daß die ketzerischen Holländer nur wenige Meilen entfernt waren, beschworen sie die japanischen Behörden, die Protestanten als Piraten zu kreuzigen. Der betreffende Daimyo «war nicht in Kreuzigungslaune»; er gewährte den «Rothaarigen» (wie die Japaner die Holländer nannten) volle Gastfreundschaft, und Ieyasu lud den Lotsen der *Liefde*, einen Engländer namens Will Adams, zu einem Besuch ein. Das

Links: Nach seinem Auftrittstanz läßt sich Sukeroku auf einer Bank nieder. Der Schurke des Stücks, ein Samurai namens Ikyu, neidet ihm die Aufmerksamkeit der Frau, um die er sich selbst vergebens bemüht. Sukeroku erregt seinen Zorn mit einer Geste: er bietet ihm eine Pfeife an, ein üblicher Akt der Höflichkeit – aber er reicht sie ihm mit ausgestrecktem Fuß.

Rechts: In heller Wut über Sukerokus Unverschämtheit greift Ikyu zum Schwert. Doch dann läßt er das Schwert in der Scheide: es ist eine gestohlene Waffe, ein kostbares Erbstück namens Tomokirimaru, das der Familie Sukerokus gehört. Ikyu begreift, daß die Beleidigung ihn veranlassen sollte, sich als Dieb zu verraten; nur mühsam bezwingt er seine Erregung (Fortsetzung S. 167).

war ein Rückschlag für die Jesuiten. Adams gab Ieyasu einen ersten Bericht über die blutigen Religionskriege, die Europa verheerten; zweifelsohne unterstrich der Protestant dabei die militante Rolle der Jesuiten auf der Bühne des europäischen Kriegstheaters. Es war kein hübsches Bild, und es muß Ieyasu sehr gegen die christliche Minderheit eingenommen haben, die in Japan so rasch wuchs.

Ieyasu war von Will Adams sehr beeindruckt und machte ihn zu seinem Ratgeber. Weitere Holländer kamen an; sie erhielten die Erlaubnis, in Hirado auf Kyushu einen Handelsposten zu errichten. Bei jeder Gelegenheit wiesen Adams und die anderen Holländer einflußreiche Japaner darauf hin, daß die von den Jesuiten Bekehrten, zu denen viele Krieger gehörten, im Falle eines Aufstandes gegen den Shogun einen großen Teil von Kyushu halten könnten, bis auf dem Seeweg spanische Soldaten und Waffen aus Manila einträfen.

Zu Beginn des 17. Jahrhunderts gab es etwa 300 000 Christen in Japan; sie schienen zu einer festgefügten Minorität zu verschmelzen, der ihre Religion über alles ging. In diesem sektiererischen Parteigeist, der häufig feudale Loyalitätsbindungen mißachtete, sah Ieyasu eine ernste Bedrohung seiner Herrschaft. Eine weitere Bedrohung sah er in den gefürchteten Spaniern, die immer mehr in Erscheinung traten. In den Jahren 1611 bis 1612 unternahm ein spanischer Seefahrer namens Sebastián Vizcaíno eine Forschungsreise entlang der Ostküste Japans. Ieyasu fragte Adams, was davon zu halten sei, und Adams erwiderte, in Europa gälten derartige Unternehmungen als Vorbereitungen für eine Invasion. Vermutlich hatte er Ieyasu auch bereits von der spanischen Armada erzählt, die seine Heimatinsel England im Jahre 1588 zu erobern versuchte.

Die Ausweisung der Missionare. Ieyasu gelangte nur langsam zu einem Entschluß; offenbar fiel es ihm nicht leicht, die Bedrohung durch die wachsende christliche Minorität gegen die Vorteile des europäischen Handels abzuwägen. Allerdings rechnete er neuerdings auch damit, daß die protestantischen Holländer und die Engländer, deren erstes Schiff Japan 1613 erreichte, den Handel fortführen würden, auch wenn er alle katholischen Missionare ausweisen ließe.

Im Jahre 1613 versammelten sich 30 000 Christen, um bei der Hinrichtung mehrerer Glaubensbrüder zu beten und zu singen. Als diese Nachricht Ieyasu erreichte, beschloß er, das Christentum in Japan auszurotten. Er verfügte, daß alle Missionare das Land verlassen und alle japanischen Christen sich einer buddhistischen Sekte anschließen und deren Priester davon überzeugen sollten, daß sie ihren Glauben tatsächlich geändert hatten.

Im Gegensatz zu den gegen die Christen gerichteten Erlassen Hideyoshis wurde dieses Gesetz durchgeführt, wenn auch nicht überstürzt. Die meisten ausländischen Missionare lebten in Nagasaki, und mehr als 90 von ihnen verließen das Land mit portugiesischen Schiffen; andere versteckten sich oder tarnten sich oberflächlich als ausländische Kaufleute. Ein paar Jahre lang wurden die japanischen Christen kaum verfolgt; offenbar war Ieyasu der Ansicht, daß sie ohne ihre ausländischen Führer ungefährlich seien. Außerdem stellte sich zu seiner Genugtuung heraus, daß die Abreise und

Ikyu tritt auf und versucht, Agemaki zu umschmeicheln, er merkt nicht, daß sie Sukeroku unter ihrem Gewand verbirgt. Die schweren Falten ihres Kostümes bilden ein gutes Versteck: sie trägt zahlreiche Kimonos übereinander, dazu eine breite Schärpe, den «obi». Sukeroku reizt Ikyu. Sooft sich Ikyu dem Mädchen nähert, murmelt Sukeroku Schimpfworte oder kneift ihn *(Fortsetzung S. 168/169).*

die Untergrundtätigkeit der Missionare den Außenhandel kaum beeinträchtigten. Selbst die frommen Portugiesen liefen Nagasaki weiterhin an.

Ieyasu starb 1616 im Alter von 74 Jahren; ihm folgte sein Sohn Hidetada, der schärfer gegen die Christen vorging. Vier heimliche Missionare wurden im Jahre 1617 gefangengenommen und enthauptet, und eine große Zahl japanischer Christen, die sich weigerten, ihrem Glauben abzuschwören, wurde ebenfalls hingerichtet.

Der Angriff auf das Christentum war lediglich Teil einer breiteren Bewegung in Japan. In dem Maße, in dem die Vertrautheit mit der Außenwelt zunahm, wurde das intellektuelle Klima des Landes — oder zumindest seiner herrschenden Schicht — ausländischen Einflüssen gegenüber, weltlichen wie religiösen, immer feindseliger. Japaner, die Europa bereist hatten, brachten bestürzende Berichte mit nach Hause. Mit seinen kriegerischen religiösen Parteiungen, seinen gefährlichen Waffen und seinen aufeinanderprallenden Ideen stellte Europa eine offensichtliche Bedrohung des vom Shogun und seinen Ratgebern beherrschten Feudalsystems dar.

Allem Anschein nach begriff kein Japaner jener Zeit, daß die Ursache des Aufruhrs in Europa – und der Ursprung seiner großen Vitalität – ein intellektuelles Erwachen von überragender Bedeutung war. Da ihre Kenntnisse zum großen Teil von den Missionaren stammten, deren Kirche im allgemeinen antiwissenschaftlich eingestellt war, hatten die Japaner nur sehr vage Vorstellungen von der wissenschaftlichen und technischen Revolution, die über das Europa der Renaissance hinwegfegte und seinen ver-

Links: Schließlich taucht Sukeroku aus den Kimonos der Geliebten auf und stellt sich dem Gegner.

Rechts: Außer sich vor Wut, versetzt Ikyu seinem Feinde Sukeroku einen Schlag mit dem Fächer. Der Fächer ist das beliebteste Requisit des Kabuki: in der Hand des Schauspielers kann er nicht nur eine Fülle verschiedenster Empfindungen ausdrücken, sondern auch andere Gegenstände darstellen – ein Schwert etwa, Eßstäbchen, flatterndes Laub, Wind oder Wellen (Fortsetzung *S. 171).*

hältnismäßig kleinen Ländern bald die Herrschaft über einen beträchtlichen Teil der Welt verleihen sollte.

Vielleicht hätten die großen Einiger Japans – Nobunaga, Hideyoshi und Ieyasu – diese bedeutsame Wahrheit erkannt, wenn sie ihnen unentstellt vermittelt worden wäre. Sie waren sämtlich intelligente und kühne Männer und neuen Ideen zugänglich. Zu Beginn des 17. Jahrhunderts stand Japan in fast jeder Hinsicht kaum hinter Europa zurück, und seine prompte Übernahme der Feuerwaffen zeigt, wie rasch es imstande war, sich neue europäische Techniken anzueignen. Wäre das politische Klima günstiger gewesen, so hätte die japanische Technologie im 17. Jahrhundert mit der europäischen ebensogut Schritt halten können, wie sie es im 19. Jahrhundert tat, als die Kluft zwischen Japan und Europa viel größer war. Japan hätte auf diese Weise durchaus zu einer großen, fast ganz Asien beherrschenden Kolonialmacht werden können.

Aber Hidetada und die späteren Tokugawa-Shogune besaßen diesen Weitblick nicht. Ihnen lag in erster Linie daran, ihre eigene Stellung am Gipfel der feudalen Pyramide zu halten. In jedem Einfluß von außen sahen sie eine Bedrohung dieser starren politischen Struktur. Das Christentum war ein solcher Einfluß, und als der verhältnismäßig tolerante Hidetada im Jahre 1623 sein Amt als Shogun niederlegte und sein Sohn Iemitsu die Nachfolge antrat, begann eine Zeit der Verfolgung, in der Tausende von Christen den Märtyrertod starben.

Im Jahre 1633 begann das Shogunat eine Reihe von Gesetzen zu erlassen, die Ausschluß-Gesetze, deren Ziel es war, alle Berührung Japans mit der Außenwelt zu unterbinden. Japanischen Bürgern wurde verboten, ins Ausland zu reisen oder seetüchtige Schiffe zu bauen. Diejenigen, die länger als eine bestimmte Zeitspanne im Ausland gelebt und sich seinen verderblichen Einflüssen ausgesetzt hatten, durften bei Todesstrafe nicht in ihre Heimat zurückkehren.

Ein blutiger Aufstand von Tausenden christlicher Bauern in der Nähe von Nagasaki im Jahre 1637 beschleunigte Japans Politik des Rückzugs. Nachdem die Revolte auf grausame Weise niedergeschlagen worden war, wies die Regierung die portugiesischen Kaufleute, die angeblich an dem Aufstand beteiligt gewesen waren, aus und verbot ihnen jede Rückkehr nach Japan. Als ein portugiesisches Schiff eine Gesandtschaft nach Nagasaki brachte, die um nochmalige Prüfung des Verbots bitten sollte, ließen die Japaner sämtliche Gesandten und dazu einen Großteil der Schiffsbesatzung — insgesamt 61 Menschen — hinrichten.

Nach dieser nachdrücklichen Tat war Japan fast vollständig von der Außenwelt abgeschnitten. Der Kontakt mit dem gefährlichen Europa beschränkte sich auf ein oder zwei holländische Schiffe, die alljährlich die Genehmigung erhielten, Nagasaki anzulaufen. Alle Europäer wurden des Landes verwiesen, ausgenommen eine Handvoll holländischer Kaufleute, die mit einer kleinen Insel im Hafen von Nagasaki vorliebnehmen mußten. Während die westliche Welt rasch die Entwicklungsstadien der industriellen Revolution durchlief, blieb Japan mehr als zwei Jahrhunderte lang unerbittlich auf dem Stand seiner vorindustriellen Kultur.

Ziel der Politik des Tokugawa-Shogunats war es, Japans herkömmlichen Militär-Feudalismus und damit die eigene Macht zu erhalten. Um dieses Ziel zu erreichen, stützte das Shogunat seine Position mit Vorschriften und Bestimmungen, die große Ähnlichkeit mit dem Mechanismus eines modernen Polizeistaates hatten. Kein Mensch in Japan sollte unüberwacht leben, niemand durfte aus seiner sozialen Position heraustreten.

Ein wichtiger Schritt zur Festigung der Macht der Tokugawa war jedoch eine von Ieyasu, dem Begründer der Familie, eingeführte Neuerung. Zu Beginn des 17. Jahrhunderts verlegte er den Sitz des Shogunats von Kyoto nach Edo (heute Tokio), einen leicht zu verteidigenden Ort in den reichen Ostprovinzen. Damit kehrte er — vermutlich bewußt — zur Politik der ersten Shogune zurück, die vor mehr als dreihundert Jahren ihr Hauptquartier in die östlichen Provinzen verlegt hatten, um den Intrigen und der verweich-

Die Auseinandersetzung wird hitzig, und Ikyu vergißt seinen Entschluß, vor Sukeroku nicht das Schwert zu ziehen. Er reißt es aus der Scheide, zielt auf ein dreibeiniges Räuchergefäß, das neben ihm steht, und spaltet es. Sukeroku wirft einen Blick auf das Schwert und erkennt das Erbstück seiner Familie, Tomokirimaru. Dieser dramatische Höhepunkt wird für einen Augenblick festgehalten: die Darsteller erstarren. Die Schauspieler des Kabuki zeigen sich oft in derart «eingefrorenen» Posen, um bestimmte Wendepunkte der Handlung zu betonen; die Regisseure widmen diesen unbewegten Bildern besondere Sorgfalt (Fortsetzung S. 172).

lichenden Kultur der kaiserlichen Hauptstadt Kyoto aus dem Wege zu gehen. Der Kaiser und seine Höflinge blieben in Kyoto; Ieyasu stattete sie mit bescheidenem Reichtum aus, und wachsame Beamte vergewisserten sich, daß niemand aus der Umgebung des Kaisers mit möglicherweise gefährlichen Daimyos in Berührung kam.

Eine Zeitlang blieb die von den Tokugawa erzwungene statische Gesellschaftsform stabil. Zwar waren die großen Daimyos noch immer reich, aber

Da Sukeroku nun weiß, daß Ikyu der Mann ist, der das ererbte Schwert seiner Familie gestohlen hat, ist ein Zweikampf zwischen ihm und dem Samurai nicht mehr zu vermeiden. Im Zweikampf verwundet Ikyu seinen Gegner an der Schulter; Sukeroku fällt zu Boden und stellt sich tot.

Überzeugt davon, daß Sukeroku dem Tode nahe sei, holt Ikyu zum Gnadenstoß aus (oben).

Rechts: Doch Sukeroku weicht aus, bringt Ikyu aus dem Gleichgewicht, schleudert ihn zu Boden und ersticht ihn. Ein solcher Moment ist für japanische Zuschauer nicht unbedingt ein Höhepunkt. Der Reiz des Kabuki liegt in der Kunst der Schauspieler, dekorative Posen einzunehmen, die in der Sprache des Kabuki «mie» genannt werden. Gelingt eine solche Pose wie die Sukerokus (rechts) besonders wirkungsvoll, so applaudiert das Publikum mit dem Ruf: «Auf nichts anderes haben wir gewartet!» *(Fortsetzung S. 175).*

manche von ihnen waren kaum mehr als Bürokraten. Andere, die sich Ieyasu erst unterworfen hatten, nachdem er in der Schlacht von Sekigahara Macht über sie gewann, wurden als «außenstehende Herren» bezeichnet und von den Beamten des Shoguns auf Schritt und Tritt beaufsichtigt. Ihre Eheschließungen und Erbfolgen wurden überwacht. Ihre Burgen ohne Genehmigung des Shoguns zu verbessern oder instandzusetzen war ihnen verboten; wollte dagegen der Shogun eine Burg erbauen, forderte er von den «außenstehenden Herren» große Geldbeträge. Brachten diese Zahlungen sie an den Bettelstab — um so besser; dann war es weniger wahrscheinlich, daß sie Schwierigkeiten machten.

Die schwerste Bürde für die bedeutenderen Daimyos — und das wirksamste Mittel, ihre Aufsässigkeit zu hemmen — dürfte jedoch die Bestimmung gewesen sein, daß sie einen Teil jedes zweiten Jahres in Edo verbringen und ihre Frauen und Erben als Geiseln dort zurücklassen mußten, sooft sie ihre Lehen besuchten. Ihre Reisen von und nach Edo, bei denen

sie von einer großen Schar von Dienern und Gefolgsleuten begleitet wurden, entwickelten sich zu farbenprächtigen, aber überaus kostspieligen Prozessionen. An allen Straßen, die nach Edo führten, gab es Kontrollen auf «Schwerter und Frauen»: Wachsoldaten suchten nach illegalen Waffen, die in die Hauptstadt hineingeschmuggelt, und nach den Familien von Daimyos, die heimlich aus ihr herausgebracht werden sollten. Beides galt als Anzeichen beabsichtigter Rebellion.

Auch die unter den Daimyos stehenden Klassen wurden genau überwacht. Die stolzen Samurai bildeten nicht mehr den Landadel, der auf seinen eigenen Besitzungen lebte und bereit war, auf Befehl seiner Herren zu den Waffen zu eilen. Die höheren Samurai-Ränge waren Beamte oder Offiziere des Heeres. Die niederen Ränge waren Soldaten. Fast alle lebten vom Lohn, der ihnen von den Daimyos gezahlt wurde. Waffen wurden ihnen gestellt; ihre Bewegungsfreiheit und ihr Tun waren strengen Beschränkungen unterworfen. Dennoch hatten sie gegenüber den gewöhnlichen Bürgern einige bemerkenswerte Vorrechte. Hatte beispielsweise ein Samurai das Gefühl, von einem Menschen niederen Ranges beleidigt worden zu sein, konnte er ihn mit seinem Schwert töten, ohne dafür bestraft zu werden.

Die Bauern, die den Hauptteil der Bevölkerung ausmachten, verloren mit der Festigung des Tokugawa-Regimes fast sämtliche Rechte. Steuereinnehmer beschlagnahmten ungefähr die Hälfte ihrer Ernte und bemühten sich, ihnen nur so viel zu belassen, daß sie am Leben und arbeitsfähig blieben. Am besten ging es noch den Bewohnern der Städte. Tüchtige Handwerker hatten ein relativ gutes Auskommen, und Kaufleute und Geldverleiher wurden reich — trotz aller Bemühungen der Regierung, ihre Geschäfte zu behindern.

Doch diese archaische Sozialstruktur blieb nicht lange unverändert. Selbst in einem von der Außenwelt abgeschlossenen Japan waren die Kräfte des Wandels zu mächtig, als daß die relativ unbeholfenen Maßnahmen des Shogunats ausgereicht hätten, sie im Zaum zu halten. Die Städte und Ortschaften wuchsen schnell, und die vielschichtigen Unternehmungen und Interessen ihrer Bewohner ließen sich in das feudale Gewebe aus Herren, Soldaten und Bauern nicht eingliedern. Am schnellsten von allen wuchs die Stadt Edo. Als Ieyasu sie zum Sitz des Shogunats erhob, war sie kaum mehr als ein Dorf; um 1700 dagegen, ein Jahrhundert später, zählte sie etwa 500 000 Einwohner. Die Daimyos, die einen Teil ihres Lebens in Edo verbringen mußten, wetteiferten miteinander beim Bau ihrer prächtigen Paläste; sie bevölkerten die Stadt mit zahlreichen Gefolgsleuten, und ihr Verlangen nach Luxusgütern zog fähige Handwerker aus allen Teilen des Landes herbei.

Gewiß hatten die Shogune dieses beunruhigende Resultat ihrer Politik, den Daimyos einen Wohnsitz in Edo aufzuzwingen, nicht vorhergesehen; nun konnten sie nicht viel mehr dagegen unternehmen, als zahllose Ge-

In der letzten Szene des Stückes hört Sukeroku das Geschrei einer wütenden Menge, die Ikyus Tod erfuhr und heranstürzte, um ihn zu rächen. Um sich vor der Menge zu verbergen, klettert Sukeroku in einen großen hölzernen Bottich, der Wasser enthält. Derbrealistische Effekte dieser Art sind auf der Bühne des Kabuki an sich selten, nur gelegentlich begeistert man das Publikum mit derartigen Sensationen. Oben: Aus dem Wasser auftauchend, hält sich Sukeroku die verwundete Schulter, taumelt ein paar Schritte und bricht dann ohnmächtig zusammen *(Fortsetzung S. 176).*

setze zu erlassen, die den Stadtbewohnern die Rückkehr zur alten Einfachheit auferlegen sollten. Doch es gab noch etwas, über das sie keine Macht hatten: das Geld und das Finanzwesen. In Japan waren seit Jahrhunderten Münzen im Umlauf; aber es gab auch ein auf Reis basierendes Tauschsystem. Die Einheit war das *koku*, die Reismenge (etwa 180 Pfund), die der Japaner im Durchschnitt pro Jahr verbrauchte. Da man Reis gegen andere Dinge eintauschen konnte, bewährte sich diese Naturalwirtschaft recht gut, solange Nahrungsmittel von den Menschen konsumiert wurden, die sie erzeugten oder in der unmittelbaren Nähe der Anbaugebiete wohn-

Doch noch bevor die Menge, die ihn bedroht, zurückgekehrt ist, findet Agemaki ihn und versteckt ihn zum zweitenmal unter ihren weiten Gewändern. Nachdem sie die Verfolger auf eine falsche Fährte gelockt hat, kommt Sukeroku wieder zu sich. Er verspricht ihr, am Abend auf einem Feld außerhalb der Stadt auf sie zu warten; dann erklettert er eine Bambusleiter und flieht über die Dächer in die Freiheit – in ein neues Leben in einer anderen Stadt mit Agemaki, seiner Geliebten.

ten. Um jedoch große Städte mit Nahrungsmitteln und Gütern zu versorgen, die aus einiger Entfernung herbeigeschafft werden mußten, bedurfte es weniger umständlicher Zahlungsmittel. Um 1600 waren Gold- und Silbermünzen weit verbreitet; um 1700 gab es in Japan eine reine Geldwirtschaft mit zahlreichen Münzen.

Die Männer, die das Wesen des Geldes und der mit ihm zusammenhängenden Geheimnisse des Wechselns, der Kreditgewährung und des Finanzwesens verstanden, waren natürlich nicht die Daimyos oder die Samurai; sie waren in erster Linie Soldaten und verstanden nichts von Handel und Münzverkehr. Geld war das vertraute Werkzeug der städtischen Kaufleute, und sie benutzten es dazu, einen großen Teil des Volksvermögens in ihren Händen zu konzentrieren. Die Spekulation mit Reis, dessen Preis heftig schwankte, machte sie reich. Und sie vervielfachten ihr Kapital, indem sie ihr Geld den Daimyos liehen, die leidenschaftlich gern Pracht entfalteten, obwohl es ihnen oft an Bargeld dazu fehlte. Ein zeitgenössischer Autor schätzt, daß die Schulden der Daimyos um 1700 die Summe des gesamten im Umlauf befindlichen Geldes um das Hundertfache überstieg.

Der Reichtum der Städter brachte die Daimyos in eine schwierige Lage. Dem Herkommen nach wurden Kaufleute, Bankiers, Spekulanten und andere Männer, die nicht vom Produzieren, sondern vom Handel lebten, den niederen Gesellschaftsschichten zugerechnet. Das Shogunat ermahnte wohlhabende Stadtbewohner häufig, sozial Höhergestellte nicht zu imitieren. Sie sollten sich einfach kleiden und keine üppigen Feste veranstalten. Natürlich kümmerten sich die reichen Kaufleute und Bankiers nicht um diese Mahnungen, und im allgemeinen waren ihr Geldbörsen prall genug, um offiziellen Zwang zu verhindern. Das einzige Zugeständnis war die Kleidung, die sie in der Öffentlichkeit trugen; sie war oft geradezu auffallend schlicht – aber das Futter der Überröcke und die darunter getragene Wäsche bestanden aus schwerem Brokat.

Veränderungen der Sozialstruktur. Gegen Ende des 17. Jahrhunderts entwickelte sich in den blühenden Städten eine funkelnde und etwas ordinäre Kultur. Während die Aristokratie an den älteren Künsten und Unterhaltungen festhielt – der traditionellen Musik, den formellen No-Spielen und der verhaltenen Beredsamkeit der Teezeremonie –, verlangten die Stadtbewohner munteren Zeitvertreib. Sie fanden ihn in dem, was als die «Flutende Welt» der Restaurants und Theater, der Prostituierten und Bademädchen, der Ringer, Sänger und Tänzer bezeichnet wurde. Es war eine Welt, deren farbenfrohes Leben in den erhalten gebliebenen populären Romanen jener Zeit, von denen viele überaus erotisch waren, geschildert und auf den Holzschnitten, die das bunte Dasein in den großen Städten illustrieren, dargestellt wurde.

Ein dauerhaftes Produkt der «Flutenden Welt» war das Kabuki, eine Form des volkstümlichen Dramas, die sich auch im modernen Japan großer Beliebtheit erfreut und Traditionen bewahrt, die Jahrhunderte zuvor ausgebildet wurden. Zum Publikum des frühen Kabuki-Theaters gehörten auch viele Ehefrauen und Töchter der Kaufmannsklasse; für sie bedeuteten die Vorstellungen (und manchmal auch die Schauspieler) eine Möglichkeit der Flucht aus ihrem eintönigen, untergeordneten Leben.

Das Shogunat mißbilligte die «Flutende Welt» und die Stadtbewohner, die sie unterstützten. Manchmal stellte ein Kaufmann oder Bankier zuviel Reichtum zur Schau, und der Shogun konfiszierte zur Strafe seinen gesamten Besitz. Freilich geschah das nicht oft, denn man war stillschweigend übereingekommen, innerhalb der genehmigten Unterhaltungsbezirke der Stadt die alten Regeln der sozialen Rangordnung außer Kraft zu setzen. Im Bereich der «Flutenden Welt» konnte ein Stadtbewohner gewöhnlich so viel von seinem Reichtum zeigen, wie es ihm paßte.

Einige der Stadtbewohner stiegen auch in die Klasse der Samurai auf – meist dadurch, daß sie einen verschuldeten Samurai auszahlten und er sie dafür in seine Familie aufnahm. Veränderungen der Sozialstruktur wurden selbst in den Dörfern spürbar; unternehmende und umsichtige Bauern wurden allmählich zu kleinen Geschäftsleuten und befreiten sich dadurch nach und nach von den Fesseln des Feudalismus.

Seit 1638 gelangte ungefähr ein Jahrhundert lang praktisch keinerlei europäisches Gedankengut in das «Verschlossene Land»; erst als der Westen wieder erschien, belebte sich auch das Interesse von neuem. Auf die Anwendung einiger europäischer Techniken, etwa die Herstellung und den Gebrauch von Feuerwaffen, hatte man sogar weitgehend verzichtet, um das Ansehen und die altehrwürdigen Traditionen der schwertertragenden Samurai zu wahren.

Trotzdem hielt Japan mit der westlichen Welt Schritt. Bildung verbreitete sich in allen Klassen. Man schätzt, daß vor 1850, als Japan noch immer «verschlossen» war, etwa 40 Prozent der männlichen Japaner lesen und schreiben konnten – ein Prozentsatz, den die meisten europäischen Länder bei weitem noch nicht erreicht hatten.

Obwohl die Maschinen und wissenschaftlichen Denkmethoden, die Grundpfeiler des Industrialismus, vollständig fehlten, gebrach es den japanischen Handwerkern so wenig wie denen anderer Völker an der Fähigkeit, neue Techniken rasch aufzugreifen. Der japanische Handel und das Bankwesen waren vielfältig, anpassungsfähig und dementsprechend auch leicht mit den westlichen Praktiken in Einklang zu bringen.

Als im Jahre 1853 die Schwarzen Schiffe des amerikanischen Commodore Matthew Perry in die Edo-Bucht einliefen und Japan zwangen, nach 214 Jahren fast vollständiger Abgeschlossenheit seine Häfen und Städte wieder zu öffnen, war Japan keineswegs ein «unterentwickeltes» Land.

Es war eine fortschrittliche Nation, die lediglich in den letzten zwei Jahrhunderten nicht den Wegen des Westens gefolgt war. Mit bemerkenswerter Leichtigkeit holte es den Westen ein und bewahrte sich dennoch einen großen Teil seiner ausgeprägten Kultur.

Literaturhinweise

Allgemeines

BRÜNING, K.: Asien. (Harms Handbuch der Erdkunde 3) 10. Aufl., Paul List Verlag KG, München 1964.

FINDEISEN, H. u. a.: Nord- und Innerasien, China, Korea, Japan. (Abriß der Geschichte der außereuropäischen Kulturen 2) R. Oldenbourg Verlag KG, München 1964.

HÜRLIMANN, M.: Asien. Bilder seiner Landschaften, Völker und Kulturen. (Orbis terrarum) Atlantis-Verlag, Freiburg i. Br. und Zürich 1956.

KOLB, A.: Ostasien, China, Japan, Korea. Geographie eines Kulturerdteils. Quelle & Meyer, Heidelberg 1963.

Land und Volk

HUBER, G.: Die Ainu, ein Volk im Untergang. Druckerei Kloster Frauenberg, Fulda 1964.

Japan. Hg. v. P. LANDY u. a. (Nagels Reiseführer) Nagel Verlag GmbH, München 1967.

KIRKUP, J.: Japan ohne Fächer. Leben unter der aufgehenden Sonne. Nymphenburger Verlagshandlung GmbH, München 1964.

SCHWIND, M.: Das Japanische Inselreich. Eine Landeskunde nach Studien und Reisen. Walter de Gruyter & Co., Berlin 1967 ff.

Geschichte

BERSIHAND, R.: Geschichte Japans von den Anfängen bis zur Gegenwart. (Kröners Taschenbuchausgaben 350) Alfred Kröner Verlag, Stuttgart 1963.

DETTMER, H. A.: Grundzüge der Geschichte Japans. (Grundzüge 2) Wissenschaftliche Buchgesellschaft, Darmstadt 1964.

HALL, J. W.: Das japanische Kaiserreich. Geschichte Nippons bis 1868. (Fischer Weltgeschichte 20) Fischer Bücherei KG, Frankfurt am Main 1968.

HINTZE, O.: Wesen und Verbreitung des Feudalismus. In: HINTZE: Gesammelte Abhandlungen 1. 2. Aufl., Vandenhoeck & Ruprecht, Göttingen 1962.

SWANN, P. C.: Japan. Von der Jo mon- zur Togugawa-Zeit. (Kunst der Welt. Die außereuropäischen Kulturen) Holle Verlag GmbH, Baden-Baden 1965.

Kultur und Sprache

DÜRCKHEIM, K. GF. v.: Japan und die Kultur der Stille. 4. Aufl., O. W. Barth Verlag, Weilheim 1964.

Die Kulturen der asiatischen Großreiche und Rußland. Hg. v. H. SCHAEFER. W. Kohlhammer GmbH, Stuttgart, Köln, Berlin und Mainz 1963.

Hochkulturen des mittleren und östlichen Asiens. Hg. v. G. MANN und A. HEUSS. (Propyläen Weltgeschichte 2) 52.—57. Tsd., Propyläen Verlag, Darmstadt 1967.

MEISSNER, K.: Einführung in die japanische Umgangssprache. 3. Aufl., Otto Harrassowitz Verlag, Wiesbaden 1961.

SANSOM, G. B.: Japan. (Kindlers Kulturgeschichte) Kindler Verlag GmbH, München 1967.

Religion

GUNDERT, W.: Japanische Religionsgeschichte. Stuttgart 1935.

HERBERT, J.: Bibliographie du Shinto et des sectes shintoistes. E. J. Brill GmbH, Leiden 1969.

SCHLINGLOFF, D.: Die Religion des Buddhismus. (Sammlung Göschen 174 und 770) 2 Bde., Walter de Gruyter & Co., Berlin 1962—1963.

SUZUKI, D. T.: Zen und die Kultur Japans. (rowohlts deutsche enzyklopädie 66) Rowohlt Taschenbuch Verlag GmbH, Reinbek bei Hamburg 1958.

Kunst

BLASER, W.: Struktur und Gestalt in Japan. (Structure and form in Japan) Artemis-Verlag, Zürich und Stuttgart 1963.

Die geheime Überlieferung des Nō. Aufgezeichnet von MEISTER SEAMI. Insel Verlag, Frankfurt am Main 1961.

HASÉ, A.: Emaki. Die Kunst der klassischen japanischen Bilderrollen. Niehans Verlag, Zürich 1959.

KIDDER, J. E.: Alt-Japan. Japan vor dem Buddhismus. Dt. Übers. Hg. v. G. DANIEL. (Alte Kulturen und Völker) Du-Mont Schauberg, Köln 1961.

KIDDER, J. E.: Japan. Frühe Kunst. Hirmer Verlag, München 1964.

KIDDER, J. E.: Japanese Temples. Thames & Hudson, London 1964.

LANE, R.: Japanische Holzschnitte. Droemersche Verlagsanstalt Th. Knaur Nachf., München 1963.

MICHENER, J. A.: Japanische Holzschnitte von den frühen Meistern bis zur Gegenwart. F. Bruckmann Verlag und KG, München 1961.

MORIYA, K.: Die japanische Malerei. F. A. Brockhaus, Wiesbaden 1953.

Musikleben in Japan in Geschichte und Gegenwart. Berichte, Statistiken, Anschriften. Hg. v. S. BORRIS. Bärenreiter Verlag, Kassel 1967.

Nō — vom Genius Japans. Mit Beiträgen von E. POUND u. a. (Sammlung Nippon 4). Die Arche Verlags-AG, Zürich 1963.

Yoshida, T.: Japanische Architektur. Ernst Wasmuth Verlag, Tübingen 1952.

Personennamenregister

Die Seitenzahlen können sich auch auf Abbildungen beziehen

Sachwortregister

Die Seitenzahlen können sich auch auf Abbildungen beziehen

Danksagungen

Für Hilfe bei der Abfassung dieses Buches sind die Herausgeber zu besonderem Dank verpflichtet Professor Marius B. Jansen, Department of History, Princeton University, Princeton, New Jersey. Weiterhin sind die Herausgeber dankbar: Professor Shujiro Shimada, Department of Art and Archaeology, Princeton University; Carl Sesar, Instructor, Department of Asian Languages and Literature, Wesleyan University, Middletown, Connecticut; John Max Rosenfield, Associate Professor of Fine Arts, Fogg Art Museum, Harvard University, Cambridge, Massachusetts; Walter W. Ristow, Associate Chief, Geography and Map Division, und Andrew Y. Kuroda, Orientalia Division, The Library of Congress, Washington D. C.; Soshin S. Hayasaki, Tea Ceremony Society of Urasenke, New York City; Gordon Washburn, Direktor der Asia House Gallery, New York City; Professor Cyril S. Smith, Metallurgy and Materials Science Department, Massachusetts Institute of Technology, Cambridge, Massachusetts; J. Randolph Castile, Educational Director, Japan Society, New York City; Harold P. Stern, Assistant Director, und Ray Schwartz, Freer Gallery of Art, Smithsonian Institution, Washington D. C.; Helmut Nickel, Curator, Arms and Amor, The Metropolitan Museum of Art, New York City; Ludwig Glaezer, Associate Curator, Architecture and Design, The Museum of Modern Art, New York City; Reiko Uyeshima und Hirotake Suzuki, New York City; Ken Harada, Zeremonienmeister, Toshio Tusji und Sueyoshi Abe, Behörde für Zeremonien, Kaiserlicher Haushalt, Tokio; Nagatake Asano, Direktor, Jo Okada, Hauptkustos, Hisatoyo Ishida, Forschungsdirektor, Kiyoshi Imanaga, Sadao Kicuchi und Junji Nakajima, Nationalmuseum Tokio; Kairchiro Nezu, Direktor, und Hisaw Sugahara, Zweiter Direktor, Nezu-Kunstmuseum, Tokio; Yoshinobu Tokugawa, Direktor, und Masana Kamimura, Assistent, Tokugawa-Reimeikai-Stiftung, Tokio; Edward Kidder jr., Professor für Kunst und Archäologie, Internationale Christliche Universität, Tokio; Kanichiro Kubota, Direktor, Kokusai Bunka Shinkokai, Tokio; Kyotaro Nishikawa, Kustos, Nationale Kommission zum Denkmalschutz, Tokio; Atusushi Oshita, Chefredakteur, Bijutsu Shuppan-Sha, Tokio; Yoshitomo Okamoto, Tokio; Pater Gino K. Piovesana S. J., Leiter des Priesterseminars, Takamao Nakada, Dekan, und Pater Masao Tsuchida S. J., Seminar für japanische Literatur, Pater Fernando G. Gutierrez S. J., Professor für Kunstgeschichte, und Pater Arcadio Schwade S.J., Professor für Geschichte, Sophia-Universität, Tokio; Ruy G. de Brito E. Cunha, Zweiter Sekretär der Portugiesischen Botschaft, Tokio; Teiji Itoh, Institut für Japanische Architektur, Tokio; Keizo Saji, Direktor, Suntory-Kunstmuseum, Tokio; Shinkichi Osaki, Kustos, und Nobuo Shibata, Kustos, Okura Shuko-Kan-Museum, Tokio; Kanamaro Kaneko, Chuo Koron, Tokio; Charles E. Tuttle, Tokio; Hiroshi Doi, Direktor, Shosoin, Nara; Osamu Kurata, Direktor, und Shoichi Uehara, Kustos, Nationalmuseum Nara; Saneharu Sanjo, Oberpriester, und Suketado Chidori, Priester, Kasuga-Schrein, Nara; Zenryu Tsukamoto, Direktor, Jiro Umezo, Forschungsdirektor, und Motoo Yoshimura, Kustos für Angewandte Künste, Nationalmuseum Kyoto; Ruth Fuller Sazaki, Ryosen-An, Daitokuji, Kyoto; Ernest Satow, Kyoto; Kazuo Shibata, Abteilung für Allgemeines, Shiga, Präfektur; Shizuo Sudo, Direktor, und Shoun Ishimrau, Biwa-Ko Bunkakan, Otsu; Ryoichi Okamoto, Direktor, und Shingo Akiyama, Dokument, Osaka-Burg, Osaka; Yoshiro Kitamura, Direktor, Kulturzentrum Namban, Osaka; Goroku Kumazawa, Direktor, Tokugawa-Kunstmuseum, Nagoya; Yasuo Orimo, Direktor, Kobe, Städtisches Kunstmuseum von Namban; Rihei Okada, Direktor, und Kokichi Ono, Kustos, Itsuo-Kunstmuseum; Ryosaku Murata, Direktor, Kanagawa-Präfektur-Museum, Yokohama; Nishikawa Takeshi, Himeji; Marguerite Deneck, Kustos, Musée Guimet, Paris; Roger Goepper, Museum für Ostasiatische Kunst, Köln; B. W. Robinson, Victoria and Albert Museum, London.

Bildquellennachweis

Der Angabe der Herkunft wird eine kurze Beschreibung der abgebildeten Werke hinzugefügt. Die Namen der Fotografen stehen in Klammern.

Umschlagvorderseite: © *Brian Brake von Rapho Guillumette.*

7: *Yoichi Midorikawa.* 8: *Brian Brake von Rapho Guillumette.* 12 links: *Haniwa-Figur: Kopf einer Frau, von Yanagimoto, Tenri, Nara Präfektur, gebrannter Lehm, Kofun-Periode, Matsubara-Sammlung, Tokio (M. Sakamoto).* 12 rechts: *Haniwa-Figur: Tänzer, aus Konan, Saitama Präfektur, gebrannter Lehm, 7. Jh., Nationalmuseum in Tokio (M. Sakamoto).* 13: *Haniwa-Figur: Affe, aus Tamatsukuri, Ibaragi Präfektur, gebrannter Lehm, 7. Jh., Nakazawa-Sammlung, Tokio (M. Sakamoto).* 16/17: *Schwertstichblatt mit Krabbenmuster, Schule von Owari, Eisen, 16. Jh., Nationalmuseum in Tokio (Benrido).* 19: *Brian Brake von Rapho Guillumette.* 21: *Skizze einer Gigaku-Tanzmaske, Tusche auf Holz, 7. Jh., Horyuji-Tempel, Nara (M. Sakamoto).* 23: *Brian Brake von Rapho Guillumette.* 27: *Geomantisches Diagramm, aus Bruno Taut, Houses and People of Japan, Sanseido Co. Ltd., Tokio 1958.* 29: *Kalligraphische Seite, aus The Collected Poems of Ise (Ise-shu), Tusche auf gemustertem Papier, frühes 12. Jh., Philadelphia Museum of Art (Robert Crandall).* 32: *Der Wächterkönig Zochoten, japanische Zypresse bedeckt mit Lack und Folie, 1124, Chusonji-Tempel, Hiraizumi, Iwate Präfektur (Kazumi Yahagi).* 36: *Kaiserliche Wohnräume im Fujiwara-Gebäude, Higashi Sanjo-den, aus dem Ruiju Zatsuyo-sho, Kadokawa Publishing Co.* 41, 42, 46/47: *Szenen aus den Rollbildern zum Genji-Monogatari (Geschichte des Prinzen Genji), Fujiwara Takayoshi zugeschrieben, Aquarell auf Reispapier, 12. Jh., Tokugawa Reimei-kai Foundation, Tokio.* 48/49: *Plan des Muroji-Tempel, Holzschnitt, späte Tokugawa-Periode, Bijutsu-Shuppan, Tokio.* 52: *Der Samurai Taira Atsumori, Detail eines sechsteiligen bemalten Wandschirms von Yusetsu Kaiho, 1650–1670, Sogoro Yabumoto, Osaka (T. Tanuma).* 55, 57: *Illustrationen aus dem Tanki Yoryaku (Rüstungshandbuch für Reiter) von Masahiro Mura, auf Reispapier gedruckt, rev. Ausgabe von 1837, The Metropolitan Museum of Art (Charles Phillips).* 58: *Detail des Yorio-hitatare (Waffenrock), Brokat, 14. Jh., Nationalmuseum in Tokio (T. Tanuma).* 59, 60, 61, 63: *Illustrationen aus dem Tanki Yoryaku (Rüstungshandbuch für Reiter) von Masahiro Mura, auf Reispapier gedruckt, rev. Ausgabe von 1837, The Metropolitan Museum of Art (Charles Phillips).* 64: *Rüstungsärmel, getriebenes Eisen über vergoldetem und emailliertem Leder, schwarz lackierter Kettenpanzer auf Brokatstoff, 13. Jh., Kasuga-Schrein, Nara (T. Tanuma).* 65, 67: *Illustrationen aus dem Tanki Yoryaku (Rüstungshandbuch für Reiter) von Masahiro Mura, auf Reispapier gedruckt, rev. Ausgabe von 1837, The Metropolitan Museum of Art (Charles Phillips).* 68: *Detail einer Lamellenrüstung, hergestellt von Isagaru Miochin Ki Muneyuki, Eisenlamellen, überzogen mit Lack und eingefaßt mit grüner Seide, um 1750, The Metropolitan Museum of Art (Paulus Leeser).* 69, 71, 72, 73: *Illustrationen aus dem Tanki Yoryaku (Rüstungshandbuch für Reiter) von Masahiro Mura, auf Reispapier gedruckt, rev. Ausgabe von 1837, The Metropolitan Museum of Art (Charles Phillips).* 74: *Helm, hergestellt von Isagaru Miochin Ki Muneyuki, lackiertes Eisen mit vergoldetem, mit Leder eingefaßtem Nackenschutz, um 1750, The Metropolitan Museum of Art (Paulus Leeser).* 75: *Illustration aus dem Tanki Yoryaku (Rüstungshandbuch für Reiter) von Masahiro Mura, auf Reispapier gedruckt, rev. Ausgabe von 1837, The Metropolitan Museum of Art (Charles Phillips).* 76/77: *Karte von Rafael D. Palacios.* 81: *Yakushi Buddha, Bronze, 10. Jh., Horyuji Tempel, Nara (Norman Snyder).* 83: *Takeji Iwamiya.* 86: *Tameshigiri (Erprobung von Schwertklingen) der Yamada Schule, aus Henri L. Joly und Inada Hogitaro, The Sword and the Samé, Charles E. Tuttle, New York, 1963.* 91: *Fosco Maraini.* 95: *Zen-Gemälde von Sengai (1750–1837), Tusche, Idemitsu-Kunstmuseum, Tokio.* 96/97: *Brian Brake von Rapho Guillumette.* 98: *Hiroshi Hamaya von Magnum.* 100/101: *Brian Brake von Rapho Guillumette.* 102: *Wasserfallszene, Detail eines sechsteiligen bemalten Wandschirms der vier Jahreszeiten von Kano Motonobu, frühes 16. Jh., Freer Gallery of Art (Ray Schwartz).* 106: *Arrangement von tatami-Matten, aus Edward S. Morse, Japanese Homes and Their Surroundings, Ticknor and Company, 1886.* 107: *Takeji Iwamiya.* 110: *Ken Domon.* 113: *Haruzo Ohashi.* 115: *Ken Domon.* 120: *Reispflanzungs-Zeremonie von ta-ue, Detail eines achtteiligen bemalten Wandschirms, spätes 16. Jh., Nationalmuseum in Tokio.* 123, 124, 128, 131: *Szenen aus dem Rollbild Sanjuniban Shokunin Uta-awase E-maki, mineralische Farbe auf Reispapier, 16. Jh., Nationalmuseum in Kyoto, mit Genehmigung von Shizuhiko Kosetsu, Osaka (T. Tanuma).* 135 oben: *Yukio Futagawa.* 135 unten: *Takeji Iwamiya.* 136, 137: *Holzverarbeitungs-Zeichnungen von Teiji Itoh, Institut für Japanische Architektur, Tokio.* 141: *Porträtskizze von Toyotomi Hideyoshi von Kano Sanraku, Kohlezeichnung auf Papierstreifen, spätes 16. Jh., Itsuo-Kunstmuseum, Osaka (T. Tanuma).* 147: *Porträt von Ryokei, um 1570, Stanford University Press.* 148, 150/151: *Karten von Rafael D. Palacios.* 154/155, 156/157: *Munekazu Inoue.* 160, 162, 164, 165, 167, 168, 169, 171, 172, 173, 175, 176/177: *Norman Snyder.*

Japanische Literatur

Kobo Abe

Die Frau in den Dünen
Roman · 224 Seiten · Geb.
Taschenbuchausgabe: rororo Band 1265

Das Gesicht des anderen
Roman · 232 Seiten · Geb.

Shichiro Fukazawa

Schwierigkeiten beim Verständnis der Narayama-Lieder
Mit einem Nachwort von Bernard Frank
104 Seiten · Geb.

Yasunari Kawabata

Kyōto oder Die jungen Liebenden in der alten Kaiserstadt
rororo Band 1225

Tausend Kraniche / Schneeland
Zwei Romane · rororo Band 1291

Yukio Mishima

Der Seemann, der die See verriet
Roman · 192 Seiten · Geb.

Nach dem Bankett
Roman · 224 Seiten · Geb.

Sechs moderne Nô-Spiele
Mit einem Vorwort von Donald Keene
Inhalt: Die hundertste Nacht / Die Damasttrommel
Das Traumkissen / Die Dame Aoi
Die getauschten Fächer / Gesicht im Spiegel
144 Seiten, 1 Foto
Rowohlt Paperback Band 6

Junichiro Tanizaki

Der Schlüssel
Roman · 244 Seiten · Geb.

Die Schwestern Makioka
Roman · 592 Seiten · Geb.

Tagebuch eines alten Narren
Roman · 240 Seiten · Geb.

Naomi oder Eine unersättliche Liebe
rororo Band 1335

384/6

Rowohlt